大地の明星

金子雪斎伝

西村 甲午
Nishimura Kogo

風詠社

目　次

大地の明星——金子雪斎伝

装幀　2DAY

序章　邂逅《かいこう》

邂逅という言葉には、「運命的な出会い」という意味があります。それは、人との出合いに限らず思想や書物、芸術など様々なものとのめぐり逢いに使われます。

人は邂逅によって、その人生を大きく変えることがあります。

私はかつて、夏目漱石の弟子であった祖父、西村濤蔭（誠三郎）の人生に興味を持ち、その生涯を研究し一冊の本にまとめました。

この研究の中で、私は祖父が明治四十二年（一九〇九年）十一月、漱石の紹介により大連の満洲日日新聞編集部に就職した時、その大連で金子雪斎という思想家と邂逅し、以後の人生について大きな影響を受けたことを知りました。

当時、金子雪斎は四十五歳、日露戦争の勝利により租借権を得た大連で私塾「振東学社」を設立し、中国大陸の発展を担《にな》う青少年を育成すると共に、地元中国人の支援を受けて設立した漢字新聞『泰東日報』を経営し、中国の人々への啓蒙活動を行なっていました。

雪斎は、現代ではあまり世の中に知られていない人物のようで、その人物を探るのに苦労しましたが、振東学社が昭和八年（一九三三年）に発行した『雪斎遺稿』には、生前、雪斎が書き記した多くの論説が掲載されており、彼の思想を知るうえで重要な手掛かりを得ることが出来ました。

その中でも、「醒覚してから」（大正十四年『日満通信』記念号）に書いた次の主張に私は強い興味を持ちました。

近頃白人に対する亜細亜連合即ち有色人同盟の声があり、その前提として日支国民の親交を新たにすべく企てるものが多い。しかも支那人の肚裡《とり》（腹の中）を探れば曰く「日本は白人連盟の仲間に入るはずではないか、自ら白人の列に入ったのを名誉として支那人を侮辱し、常に白人と共同して支那を圧抑した外《ほか》、未だかつて支那に代って権利を主張してくれたことは無い。我等は日本人の自慢する如く日本人を東洋の白人と思っている、今更亜細亜連盟などの声を日本人から聞くのは奇怪だ、おカドが違いましょう」というのが本心、対支文化事業にすらケチを付けるのだ。

以上のように、雪斎は中国人の腹中を代弁することにより、日本の帝国主義・植民地主義を痛烈に批判しています。

私は、昭和の満洲事変以後に続く満洲国建国、日中戦争、太平洋戦争の歴史は、アジア主義に名を借りた日本の侵略主義の帰結でもあると思っていますが、明治の思想家の中には雪斎のように中国人の立場に立ち、欧米列強の植民地主義に立ち向かっていた人がいることを知り、金子雪斎という人物について真剣に研究したいと思うようになりました。

また、金子雪斎を調べるに当たり、中野正剛《せいごう》という人物を知りました。中野は生涯にわたり雪斎を尊敬し、自身の著書『魂を吐く』では雪斎について詳しく語り、「敬天愛人」と題した項には次のようなエピソードを紹介しています。

嘗《かつ》て東京で朝鮮問題を話したら、先生は何等の躊躇《ちゅうちょ》もなく、「朝鮮は究竟《きゅうきょう》〔結局〕独立させてやるのだ」とやってのけた。

筆者は誠意を盡《つく》して朝鮮を繋《つな》ぎとめ、彼我《ひが》青年の理想の上に人道的経綸《けいりん》が行ないたいのだ。それで雪斎翁の独立論は異様に耳を衝いた。雪斎翁は更に語をついで曰く、「人間が人間に対してお前は独立してはいけないなど、どうして言えるか、そんな馬鹿げた説法は、如何に巧妙に潤色しても、朝鮮人は誰も耳を傾けない」と。

この『魂を吐く』は、昭和十三年（一九三八年）に出版されていますが、独立の二文字は○○と表示されています。

しかし、戦後出版された『政治家中野正剛』（昭和四十六年、中野泰雄著）では同じ趣旨を紹介する項で「朝鮮は独立させねばならない。満洲に精神的日本を建設するのだ、という〔雪斎翁の〕その意気込みのはげしさは、若い二人〔中野正剛と丁鑑修〕に迫るものがあった」と中野の四男泰雄氏は記しています。

雪斎は、日韓併合にも強く反発し、その独立を支持していることがわかります。

しかし、これは当時としては極めて異例な考え方です。

明治の偉大な思想家三宅雪嶺は、雪斎の死にあたり自らの主宰する雑誌『我観』（大正十四年十月）に、次のような追悼文を載せています。

雪斎翁が癌を病み、大連で没した。満洲の日本人で誰れ知らぬ者なけれど、内地で知る者が甚だ少い。少いけれども、性格といい、能力といい、多く得難い所に属する。（中略）政府に於て海外で功ある者を挙げる場合、決して忘れてならぬが、そういう事を少しも念頭に置かず、却《かえ》りて地下で喝破《かっぱ》〔大声でしかりつける〕するだろうと察せられる所に彼の真骨頭がある。

雪斎は、三宅雪嶺が語るように思想活動の中心を大連に置き、政治権力と一定の距離を置きながら独自の道を生きたため、戦後はその偉大な業績にもかかわらず、忘れられた存在となりつつあります。

幕末に生れ、明治・大正の世を思想家として生きた金子雪斎とはどのような人物なのか、その生い立ちから臨終まで、彼の書き残した多くの出版物と彼を追悼して多くの人々が彼について語った追悼文をもとに解き明かしていこうと思います。

一方、中野正剛という人物は、明治十九年（一八八六年）福岡県に生れ、明治四十二年（一九〇九年）早稲田大学を卒業、東京朝日新聞に入社し政治部の敏腕記者として活躍、大正九年（一九二〇年）に衆議院議員となり以後連続八回当選した政治家です。妻多美子は三宅雪嶺の娘で、頭山満が仲人をしています。

昭和十一年（一九三六年）には東方会を結成し南進論を唱え、南方の資源を求めて「大東亜共栄圏」の盟主構想を推進しました。

日米開戦後は太平洋戦争の戦況悪化にもかかわらず独裁色を強める東條英機と対立し、東條内閣転覆を図ったことが事前に察知され、憲兵隊の取り調べを受け釈放後、謎の割腹自殺（昭和十八年）を遂げています。

中野正剛は、雪斎を尊敬し続けたと言いながら、南進論を唱え「大東亜共栄圏」の盟主構想を推進しました。ここに雪斎の主張と大きな矛盾を感じますが、いったい金子雪斎の思想とはどのようなものであったのか、その本質に迫りたいと考えました。

そのため、雪斎の生きた時代の日本、朝鮮、満洲の歴史を今一度丁寧に見つめ直しながら、その思想の目指すところを可能な限り解明したいと思います。

また、現代人にとって満蒙開発という言葉は、関東軍による負のイメージが強くありますが、その開発初期には雪斎の思想に共鳴し侵略的意図を持つこと無く、純粋に満蒙の近代化に貢献しようと、人生をかけた人々がいたことを記録したいと考えました。

※本書は、現代の読者に読みやすくするため、引用部分の一部について旧漢字・旧仮名遣いは新漢字・新仮名遣いに置き換え、一部の漢字を仮名に直す又はふりがなをふり、分かりにくい言葉には〔 〕内に注釈を入れました。
また、引用文中、現在では不適切と思われる表現がありますが、当時の時代背景を踏まえ、当時の表現をそのまま用いました。

第一章　向学の志

越前福井

金子雪斎（名は平吉）は、元治元年（一八六四年）八月十二日、福井県足羽《あすわ》郡酒生《さこう》村高尾に生れました。父は牧野平左衛門、母はきんで、男四人、女四人の八人兄弟姉妹の四男でした。（雪斎は、明治十二年十六歳の時に旧福井藩士金子家を継いでいます）。

雪斎が生まれた、足羽郡酒生村高尾は、現在の福井市高尾町で、足羽川が山間部から福井平野に流れ込む入口の右岸あたりになります。

この一帯には、北陸最大規模と言われる酒生古墳群があります。その規模は、酒生古墳の前方後円墳を筆頭に、大小三百三十基余りの古墳を有しており、古墳時代のこの地の繁栄ぶりを窺《うかが》い知ることができます。

また、足羽川をはさんだ対岸には、一乗谷を見渡すことができます。一乗谷は、戦国時代、朝倉氏がその居城を築き、最盛期には一万人が暮らす京に次ぐ都市であったと言われています。京の公家や名僧など多くの文化人が、地理的に近く文化水準の高いこの一乗谷に集まり、連歌・和歌・絵画・猿楽など京文化をもたらし、朝倉文化を開花させました。

しかし、繁栄を極めた朝倉氏も朝倉義景《よしかげ》の代になり、天正元年（一五七三年）織田信長に敗れ滅亡します。その後、一乗谷は、信長によって焼き尽くされますが、廃墟跡に農民が住みつき焼け跡を開墾し田畑としました。一乗谷は昭和四十七年（一九七二年）史跡公園として本格的な発掘調査が開始されるまで四百年、土の中に眠ることとなります。

従って、雪斎が生まれ育った幕末から明治のこの頃、ここには谷あいの田園風景が広がっているだけでした。

この朝倉氏の滅亡により主家を失った牧野治右衛門時成は、高尾の封地に戻り農民となって十三代、雪斎の父、牧野平左衛門に至ります。

雪斎の生れた牧野家は、織田、豊臣、徳川と続く武家の世を、多くの使用人を養う豪農として生き残り、明治維新を迎えました。

雪斎は、よく人に「俺は越前の農民だ」と言っていましたが、文化水準の高い朝倉武士の子孫として、朝倉氏滅亡後は政治権力から一切距離を置き、農民として生き続けてきた家系に誇りをもっていたように思われます。

金子雪斎が生れた元治元年（一八六四年）当時の福井藩主は、四賢侯の一人松平春嶽です。春嶽は橋本佐内・横井小楠《しょうなん》・三岡八郎（維新後由利公正）など優秀なブレーンを従え、有力親藩大名として徳川宗家の安寧《あんねい》を願いつつ、新時代への平和的な移行を模索していました。

この年、元治元年（一八六四年）には、六月に京都池田屋で長州・土佐の攘夷派多数が新選組によって惨殺・捕縛された池田屋事件、七月に薩摩藩・会津藩が長州藩を京都から駆逐した禁門の変、十一月には第一次長州征伐などが起こっています。

しかし、慶応二年（一八六六年）に坂本龍馬、中岡慎太郎らの仲介で薩長同盟が秘密裏に締結されると情勢は一変し、同年の第二次長州征伐に失敗した幕府はその威信を失墜させます。

慶応三年（一八六七年）には徳川慶喜の大政奉還を受け、明治天皇による王政復古の大号令が発せられます。

松平春嶽は、大政奉還により徳川宗家を筆頭とする諸侯による公議政体体制の樹立を目指しましたが、薩長を中心とした討幕派の動きは止めることができず、戊辰戦争へと突入していきました。

春嶽は官軍参加の要請も断り中立を保ちましたので、越前はその後、中央政界での活躍の場を失ったように思われます。結局、政治は薩長の藩閥に独占され、金子雪斎など越前の優秀な人材は、学問で世に出ていく以外に道はなくなりました。

明治維新により新政府が樹立されたのは明治元年（一八六八年）金子雪斎が四歳のときでした。

福井県文化史研究会『我等の郷土と人物三巻』には、「後年の金子雪斎の牧野平吉は、五、六歳のころ父から四書五経の素読をおそわり、当時郷党はこの少年を神童と評している」と記されています。

雪斎が父から教わった四書五経とは、『論語』『孟子』『大学』『中庸』の四書と『易経』『書経』『詩経』『礼記』『春秋』の五経のことをいい、儒教における最も重要な経典です。

これは、江戸時代には武士の子弟が学ぶものでしたが、農民・商人の子弟も一部では学ぶ者がいました。

牧野家ではその家系から、代々父から子へ伝授していったものと思われます。

四書五経の「素読《そどく》」というのは、四書五経の原文を何度も繰り返して読み、それを誤りなく暗唱することができるようになるまで繰り返すという学習法の一つです。

牧野平吉少年（後の金子雪斎）は、六歳にして四書五経という膨大な量の書物を暗唱することができ、内容も理解していたということで人々から神童と評されていたようです。

雪斎は、明治三年（一八七〇年）七歳のとき父牧野平左衛門と死別しています。

昭和十三年（一九三八年）に振東学社が出版した『雪斎先生遺芳録』に「縁者の語る先生の

少年時代」と題し、雪斎の甥、兄嫁、姪婿、友人等が座談会形式で、父に死別した後の雪斎の様子を語った内容が掲載されています。

これによると雪斎は、「明治五年に学制が敷かれ、郷学篠尾小学校に入学した頃、平素はその土蔵の二階を居間として、余暇さえあれば二階に上り込み、或は読書し、或は習字し、つまり当時の勉強に一心不乱になって居りました。その為でしょう、二階の襖《ふすま》でも、壁でも、障子でも、イヤ梁《はり》までも手の届くような所は字が一杯に書いてありました」とのことで、その向学心の強さは幼少からのものであることがわかります。

明治七年（一八七四年）に、雪斎は十一歳で上等小学校に進みますが、「この頃、暇があると時には山へ小鳥を捕らえるワナを掛けに行く、時には川で漁をヤル、子供の頃は誰でも覚えのあることですが、雪斎は、こういう時いつも童勢を呼び集めて山に、川にノシ出し、とった魚は決して独占するような事をせず、一同の年配に随って、年長の者には大きなヤツを、年少の者には小さなヤツを、と云った具合に分配していました」というように、幼少期からその統率力を示していました。

ある日、名僧知識と仰がれた近村の光泉寺の和尚がやって来て、「殺生を戒《いまし》め、勉学の大切なことを解き、大いに訓戒した所が、雪斎『俺は少しくらい遊んだからとて、勉学は怠らぬ、この通りやっている』と直に紙筆を持って来て、阿弥陀経をきれいに書き記して見せたので、和尚さん舌を巻いて、『鄙《ひな》には稀《まれ》だ、勉学児童の業《わざ》に非ず』と驚いたと云う話は、今でも親戚縁者の語り草になっている」とのことです。

そして雪斎の「自分の習った小学校で助教をやる様になってから、勃然として湧く求学の心は、非常なものでした。そしてこの求学の情を益々誘引したのは、城下福井に於ける学問であった」と縁者は語っています。

雪斎が城下福井に出ることになった経緯は、同じ座談会の中で竹馬の友である牧野順學が語っています。

雪斎と牧野氏は共に小学校の助教をしていましたが、「同じ教師をやるなら師範学校に入学して資格のある教師になろうではないか」と考え、家の許可も得ずに入学試験を受けました。二人とも入学試験には難無く受かりましたが、雪斎はこの時十四歳で就学年齢の十五歳に達していないとの理由で入学がかないませんでした。

雪斎は家から帰郷するよう再三命ぜられましたが、自身には折角「笈《おい》を負うて郷關《きょうかん》（故郷）を出た者が、どうしてオメオメ帰れるか」という思いが強くあり、また、寄宿先の辻夫妻（姉夫婦）の後押しもあって、福井での学徒生活を始めることが出来ました。

この福井で雪斎は、明新中学に学ぶと共に、広部鳥道の漢学塾や大岩師の英学塾に通い学問に精進しました。

知行合一

ここで、雪斎の生涯に決定的な方向を与えたという広部鳥道《ひろべちょうどう》（名は良知）について紹介しておきます。

広部鳥道については、福井県文化史研究会『我等の郷土と人物三巻』に詳しく紹介されています。

これによると広部鳥道は、文政五年（一八二二年）、ごく低い身分の福井藩士の家に生まれました。

その人となりは、信念と独立心に富んでおり、才気があって型破りという個性的な性格ですが、歯に衣着せぬ物言いが禍して、恵まれた才能を持ちながら、藩内ではあまり認められない存在で終わったということです。

学問は独学で陽明学、禅学、兵法、書画を修得し、特に陽明学に優れていました。

安政のころ横井小楠と夜を徹して議論したということは、藩内では有名な話のようです。又慶応四年（一八六八年）、鳥道は藩公に上書して攘夷を献言したため、幽閉されたことがあります。

明治十一年（五十七歳）には、私学校を開設して多くの生徒を集めましたが、またも藩政を批判し改革の建白書を献じた事から学校を閉鎖し、三国峠の山麓に隠棲することとなってしまいました。

その後、京都に上り扶桑学舎を開いて子弟を指導し、本願寺大学林で漢学を教授しましたが、明治十四年（一八八一年）十月に没しています。

雪斎は、鳥道の私学校開設と同時に入校していますので、鳥道五十七歳、雪斎十五歳とかなり年齢差のある師弟ですが、建白書が禍《わざわい》して私学校が閉鎖となり、鳥道が三国峠に蟄居していたときも、雪斎は「三里の道を遠しとせず師のもとに通って、その教えをうけていた」ということです。

中野正剛は『魂を吐く』の「偉人の平生」で次のように鳥道のことを書いています。

　金子雪斎先生は福井の産である。先生の師匠という人も偉かったらしい。同藩の橋本景《けい》岳《がく》〔左内〕に対してすら、「彼奴《あいつ》は軽薄才子で不可《いけ》ない」などと言った程の見識家であったそうだ。

雪斎は、鳥道の辛辣な橋本左内批判を見識家と評し、尊敬していたことがわかります。

また、後に雪斎の一番弟子と称され、雪斎亡き後その遺託によって振東学社総理、泰東日報社長を引き継いだ阿部真言は、『雪斎遺稿』「雪斎先生の略歴」のなかで次のように語っています。

先生の克己心、不撓不屈《ふとうふくつ》の魂、強烈な自我心は、最後まで一貫したが、この志想は、幼時広部鳥道氏の弟子として学ばれし頃より培養されたと思われる。

鳥道の強烈な個性は、当時藩内でもいろいろと批判があり、雪斎が学ぶについても親族の中には反対する者があったようです。

雪斎は、多感な少年時代にこのような鳥道の影響を受け、人格を形成していきました。

雪斎は生涯を国家民衆に捧げるため、妻帯せず蓄財もしませんでした。収入のほとんどは必要な人のために使ってしまい、その死にあたっては、彼がつくった「振東学社」「泰東日報」もすべて阿部真言に譲り渡しました。このような雪斎の徹底的に我利を排除する強い心は、鳥道によって培われたものです。

また、雪斎は相手が総理大臣であろうが元帥であろうが、自分が正しいと思うことは、率直に主張して臆するところがありませんでした。これも鳥道の影響大であったと思われます。

そして雪斎は、この鳥道から陽明学を学びました。

陽明学とは、中国は明の王陽明によって樹立された儒学です。その根本思想は「心即理」にあります。陽明学では、全ての人に良知（人が生まれながらにもっている、是非・善悪を誤らない正しい知恵）があることを認めます。

例えば、人は困っている人を見かけたら誰でも助けてあげたいと思う、それが良知です。ところが人には、「恥ずかしい」「面倒くさい」と思う心が、助けることを躊躇させる時があります。それでも人は助けることが正しいと知っています。それが「心即理」です。

陽明学では、良知を実現する方法として「知行合一《ちこうごういつ》」を説きました。困っている人がいたらすぐに助けるべきなのです。

「知行合一」とは、知識と行動は一体である、知っているだけで実行しないのはまだ本当の知とはいえないとして、実践を重んじる考えです。

中野正剛は、『魂を吐く』の「偉人の平生」で雪斎について、「その躬行実践《きゅうこうじっせん》の風は王陽明学派のような所もあった」と述べています。

躬行実践とは「自らの意思で実際に行動、実行してみること」です。雪斎は、生涯、知行合一・躬行実践を信条として生きました。

この後雪斎は、東京に出て洋学と英語、漢学と中国語を修得します。雪斎にとって「知行合一」には、知識とそれを実践するための語学の修得が必須です。これらを学ぶためには、維新後首都となり多くの洋学塾が集中する東京に上ることは、雪斎にとって必要不可欠な行動でした。

東京の学徒生活

雪斎は、明治十三年（一八八〇年）十七歳の時、明新中学を卒業すると東京に出て、中村敬《けい》宇《う》の同人社に学びました。現代で言えば、地方の名門高校を卒業して、東京の有名私立大学に入学したといったところです。

現代では、中村敬宇の名を知っている人は少ないと思われますが、雪斎が東京で学んだ当時の人々にとって、中村敬宇は福沢諭吉と肩を並べる存在でした。

敬宇の出版した『西国立志編』（イギリスのS・スマイルス原著の『セルフ・ヘルプ』を翻訳したもの）は、福沢諭吉の『西洋事情』、内田正雄の『輿地誌略』とともに、「明治の三書」と称され、その出版部数は百万部を超えたと言われます。

また、敬宇の同人社は、福沢諭吉の慶應義塾、近藤真琴の攻玉社とともに明治の三大私塾に数えられていました。同人社は、雪斎の入塾した明治十三～十四年（一八八〇～一八八一年）頃が最盛期であったと言われます。

中村敬宇は、天保三年（一八三二年）、江戸麻布の丹波谷に御家人の一人息子として生まれました。十七歳の時に昌平黌寄宿寮に入寮。文久二年（一八六二年）、三十一歳の若さで幕府の儒官となります。

慶応二年（一八六六年）には、幕府派遣の英国留学生十二名を率いてイギリスに渡ります。しかしながら、大政奉還の上奏がおこなわれたことが慶応四年（一八六八年）在英中の敬宇らに伝えられ、急遽帰国することとなりました。

帰国した敬宇は、徳川家が移封された静岡に移住し、ここで静岡学問所教授方を命ぜられ洋学を教授しました。敬宇はこの時期、キリスト教における「神」を儒教の観念によって理解しようと試みたものとして「敬天愛人説」を記しています。

また、この静岡時代に『西国立志編』『自由之理』を刊行発売しベストセラーとなっています。

敬宇は明治五年（一八七二年）、新政府に招かれ上京し、翌年には同人社を開設。明治十四年（一八八一年）東京大学教授、明治二十三年（一八九〇年）貴族院議員に勅撰されるも、翌二十四年六十歳で亡くなっています。

高橋昌郎著『中村敬宇』（吉川弘文館）には、雪斎が学んだ頃の「同人社」について、次のように記されています。

最盛期に達したのは明治十四年ごろと思われこの年の同人社は、学期年数五年、教員数二四名、生徒数三一九名とあり、当時としては大規模であった。学科には英学変則・英学正則・漢学・数学の諸科があった。

英学には、正則と変則の二種類がありますが、正則は外国人教師から語学や諸科を学び、変則は日本人教師から語学や諸科を学ぶものです。

同人社では、この英学と共に漢学も教授しました。

これは、儒教的教養の極めて高い敬宇が、理想国イギリスの根底にあると信じるキリスト教の神を、儒教の観念によって理解しようとしたことに見られるように、東洋と西洋の思想的な共通性を見出すことにより、日本の伝統文化の近代的発展を指向するという敬宇の思想家としてのスタンスの現われでした。

しかし、雪斎の学問の基本スタンスはあくまでも「知行合一」です。東洋思想の優位性を信じる雪斎にとって、洋学はあくまでもその優れた科学技術の修得と実践のための語学修得が目的でした。

このため、洋学を修得した雪斎は、漢学の理解をさらに深めるために学問をつづけます。現代で言えば、大学院に進み漢学を更に研究するということです。

雪斎は、東京・下谷にあった島田重礼《ちょうれい》（篁村《こうそん》）の双桂精舎で漢学を学びます。

島田重礼は、天保九年（一八三八年）武蔵国大崎（東京都品川区大崎）に名主の六男として生れました。文久三年（一八六三年）昌平坂学問所に入学し、慶応元年（一八六五年）には昌平黌の助教となっています。

明治二年（一八六九年）に私塾・双桂精舎を開き、漢学を教え始め、明治十四年（一八八一年）には、東京大学文学部教授となり「漢文学」や「支那哲学」などの講義をしています。

雪斎は、この島田重礼の双桂精舎で漢学の知識をさらに深めるとともに、王治本という中国人のもとで、中国語を学びます。

雪斎にとって広部鳥道の陽明学に学んだ「知行合一」は絶対的であり、漢学の知識を学んでも中国語を修得して実践に役立てなければ意味のないものでした。

雪斎は、この中国語の語学力と深い漢学の知識によって、やがて中国大陸に進出して行くこととなります。

雪斎は晩年五十九歳の頃、雑誌『新天地』の「満鉄の使命と歴代の幹部」のなかで、この東京の学徒生活について、「斯《か》く学問に不便な時代であった代りに、学生の知識欲の剛健さは非常なものであった」と当時の学生気質について述懐しています。

そして、「無論電車などは無く、道の遠近、事の緩急に関わらず、学生は総て徒歩であった。十七八歳の頃は、毎日下谷から小石川まで通学し、帰途は図書館に入って一心不乱に読書しノートを充《みた》して来たものだ。

学校には今日のような運動時間が無いので、週に二回は神田の千葉道場と、下谷の磯の道場に行って柔剣道をやった。

下宿に帰ればすぐに机に向い、晩飯が終れば直ちに豆ランプの下に読書をする。時々徹夜で読書することもあった。

日曜祭日には図書館に往くか、散歩をした。ただし散歩といっても一番近くて鴻の台、眞間山、遠くは八王子、成田など所選ばず出掛けるもので帰途は常に夜行となり、三十里位を往復したことも珍しくないものだった。

要するに強くあるべきと思う一念で自分を鍛え上げていたのだ。

この単純性は集中力を齎《もたら》したから、時間に比例する読書量に至っては、今日の学生の及ぶ所では無い」と語っています。

雪斎は更に続けて、「明治十六年頃から英仏両法律学校、早稲田専門学校などができ、学生の数が俄然十倍し、尋常高等中学制もでき、新聞も増し、雑誌もでき、ソロソロ学生界の新気分が見え始めた。また、逍遥、鷗外、紅葉、露伴などが文芸を競い、教育界と相まってレベルを下げた」として、学生の気分が大きく変化し惰弱になってきたと、明治後半からの学生気質を批判的にとらえています。

確かにこの頃になると、学制も整い、教材も充実し、教師の育成も進み、学生は効率的に西洋知識を吸収できるようになってきました。雪斎のころには洋学は原書のテキストでしたが、この頃になると翻訳されたテキストが出来てきて、学生はその思想の本質を習得することに集中することが出来るようになりました。

その分、文学などに興味を持つ学生が増えてきたことも事実です。

雪斎は、「かくて余の学生生活の終りが旧気分の終りであった。旧気分時代に鍛えられた精力、体力、胆力、意力は依然として自身の根幹であり、今日も体現している」と語っています。

敬天愛人

雪斎は、東京の学徒時代に中村敬宇から生涯における一つの大きな影響を受けました。それは「敬天愛人」思想です。雪斎は、敬宇の教え「敬天愛人」を生涯貫きました。

「敬天愛人」とは、「敬天」は「天をおそれ敬《うやま》うこと」、「愛人」は「人をいつくしみ愛すること」と、敬宇が漢学の知識をとおして解釈し造った言葉です。敬宇は、これにキリスト教の基本原理である「隣人愛」との共通性を見出しました。

この「敬天愛人」は西郷隆盛（南洲）が好んで使った言葉としても有名です。「敬天愛人」と書いた西郷直筆の扁額を見たことがある人は多いのではないでしょうか。

（財）鹿児島県社会事業協会『西郷南洲翁遺訓及遺文』には、次のような西郷の遺訓があります。

道は天地自然の物にして、人は之を行うものなれば天を敬するを目的とす、天は人も我も同一に愛し給うゆえ、我を愛する心を以て人を愛する也。

〔人の道は、天地自然のものであり、人は天地自然の道を行なうのだから、天を敬《うやま》うことが人間本来の目的です。しかも天は他人も自分も同様に愛されていますから、自分を愛する心をもって他人を愛さなければならないということです〕

道は天地自然の道なるゆえ、興学の道は敬天愛人を目的とし、身を修するに克己を以て終始せよ。

〔人の道は天地自然の道なのだから、学問の道は敬天愛人を目的とし、身は常に邪念にうちかちこれを修めなさい〕

敬宇は、キリスト教の「神」を儒教の「天」によって理解しようと試みましたが、西郷や雪斎はキリスト教に興味はなく、純粋に儒教の「天」を通して「敬天愛人」思想を理解しました。雪斎は、西郷隆盛（南洲）を生涯尊敬していました。雪斎の残した文章には、度々「南洲」として登場し、その思想の共通性を示しますが、この「敬天愛人」が好例です。

中野正剛が『魂を吐く』の「敬天愛人」と題した項で、雪斎が中野正剛に「朝鮮は究竟独立させてやるのだ」「人間が人間に対してお前は独立してはいけないなど、どうして言えるか、そんな馬鹿げた説法は、如何に巧妙に潤色しても、朝鮮人は誰も耳を傾けない」と言ったことを、本書の冒頭で紹介しましたが、あの文章は次の文章に続きます。

筆者は雪斎翁に向い大いに英才を養うの必要を説いた。雪斎翁曰《いわ》く。

「英傑などは滅多に出来るものか、天がこれを授《さず》ければ望外の仕合《しあわ》せだ、中野は種々慷《こう》慨《がい》して、世間で偉《えら》い奴《やつ》を引っぱって仲間にしたり、手下にしたりするだろう。お主は究竟才を愛するのだろうが、俺は人を愛するのだ。凡庸ならば凡庸なる天分を遂げさせたいのだ、俺のところで育った奴は凡庸でもそれ相当の用を為すだろう」と。

中野は、「自己の趣味の為に、自己の目的の為に、自己の満足の為に人を愛するのではなく、『人そのものの天分を遂げさせてやりたい』のだ」という雪斎の考え方に衝撃を受けました。

そして、それでこそ「始めて人の師となることが出来る。この精神を以て人を率いれば、己《おのれ》も失望することがなく、他《た》も亦《また》生涯離反しない」のだという事を教えられました。

そして、この文章は次のように締めくくられています。

雪斎翁の朝鮮独立論は、究竟人道の極致《きょくち》を盡《つく》す所以《ゆえん》である。かくてまた朝鮮を独立にすれば、鮮人の心は我に靡《なび》きて、併合以上の融和が出来る。亜細亜政策、世界政策の真の出発点はここにある。

中野は、雪斎の「人の才能を愛するのではなく、人そのものを愛するのだ」、「人それぞれの持って生まれた能力を活かしてあげたいのだ」という心を知り、ここに雪斎の「敬天愛人」を感じました。

そして、この心をもってして朝鮮独立論が生れるのだと知りました。

雪斎にとって天を敬い、自分を愛する心をもって他人を愛するという場合の「他人」とは全人類であって、日本人、朝鮮人、中国人の区別はありません。

そして、全ての人々に対して見返りを求めることの無い愛を注ぐことが雪斎の「敬天愛人」なのです。

第二章　青雲の志

北門の鎖扼

学業を終えた雪斎は、明治十九年（一八八六年）二十三歳の時、東京鎮台に志願入営しますが、この経緯を雪斎に後継を遺託された阿部真言は『雪斎遺稿』「雪斎先生の略歴」のなかで、雪斎は「士官学校に志して成らず、直ちに軍隊に志願し東京鎮台に入営された」と語っています。

雪斎は、学業を終えた後、軍人になることを目指していたことがわかります。雪斎はこの八年後、日清、日露の両戦役に通訳官として従軍し、日露戦争では将校相当の通訳官を務め、初志を貫徹しました。

また、この従軍の経歴が多くの将官、将校との人脈をつくり、満洲における軍人への影響力を発揮することとなりました。

しかし、この段階では軍人への道は遠く、除隊後は東京の牛込矢来町で私塾を開き、生計を立てていました。

また、雪斎は店子《たなこ》を代表して板倉子爵家に陳情書を出したところ、その理路整然として意味のよく通る文章を認められ、子爵家の家庭教師を依頼されていました。

この板倉子爵家とは、備中松山藩の旧藩主板倉勝弼《かつすけ》子爵の家で、子息の勝貞（当時四歳）の教育を行なっていたと思われます。

ところが雪斎は、このような平穏な生活を自ら放棄し、明治二十六年（一八九三年）、突如「北海道」に渡ります。

北海道は明治二年（一八六九年）、樺太を南下してくるロシアに対応し、それまで蝦夷地と呼ばれていた地域が日本の領土であり、アイヌ民族を含む居住者も日本国民であると宣言する必要性が高まり誕生しました。

北海道は日本政府にとって、未開の農業適地や豊富な天然資源が潜在する魅力的な地域でした。明治三年（一八七〇年）、黒田清隆が開拓次官に任命されると多額の開拓予算が投入され、多くのお雇い外国人技術者を招き、本格的な開拓が開始されます。

また、北海道には積極的な移住政策も行なわれました。当初は士族移住や屯田兵などの移住政策がとられましたが、本格的な移住が推進されるのは、北海道庁が設置された明治二十年（一八八七年）以降ということになります。

北海道庁は、明治二十四年（一八九一年）に団体での移住を奨励する制度を定め、家族ごとに移住する団体移住を奨励しました。

このため、雪斎が北海道に渡った明治二十六年（一八九三年）ごろには、特に北陸四県、東北六県を中心として多くの移住者が北海道にやってくるようになりました。

このような北海道になぜ雪斎は突然やってきたのか、この疑問を解くカギは、雑誌『大日』昭和十三年（一九三八年）七月号に不二山人が載せた「高士金子雪斎翁」という記事に見つけました。

不二山人はこの記事のなかで、雪斎は「明治二十六年の三十歳の折、郡司大尉の後を追うて北海道に赴《おもむ》き、現北海タイムスの前身、北門新報に筆を執っていた」と記しています。

郡司大尉とは、郡司成忠《しげただ》（万延元年～大正十三年）（一八六〇年～一九二四年）のことで、小説家幸田露伴の実兄です。

郡司は、明治二十六年（一八九三年）海軍大尉として予備役に入り報効義会を組織し、明治八年（一八七五年）の千島樺太交換条約によって日本領となった千島列島を探検、最北端の占守島《しゅむしゅとう》に入植し、漁場の開拓にあたりました。

後に南極探検で有名になる白瀬矗《のぶ》（当時陸軍少尉）は、海軍出身者のみ加入できる報効義会に特例として入会し、郡司大尉を大いに助けました。

この郡司大尉の千島列島開拓計画は、カッターボートで東京から占守島までの約三千五百七十キロの荒海を走破するというもので、その破天荒な実行の方法に、世間は「世界に類を見ない大冒険」だとして、新聞に大きく取り上げられ反響を呼びました。

明治二十六年（一八九三年）三月、郡司大尉を指揮官とする報効義会三十八名は、五隻のカッターボートに分乗し、隅田川の言問《こととい》の渡しを数万人の民衆に見送られ、占守島に向いました。

航海は、北海道を目前にした白糠《しらぬか》沖で台風に遭遇し、十九名の同志を海難事故で失うという悲劇に見舞われながらも、郡司、白瀬など七名が占守島に上陸、越冬調査を行いました。

占守島への入植は、厳しい自然環境の中で困難を極め、当初は多くの犠牲者を出す過酷なものでした。

私が最初に占守島の名を知ったのは、浅田次郎の『終わらざる夏』を読んだ時でした。この小説では、昭和二十年（一九四五年）八月十五日、日本の無条件降伏を知り武装解除中であった占守島の日本軍が、八月十八日、中立条約を破棄して上陸してくるソ連軍と戦った真実を描いています。

この戦闘は八月二十一日、日本軍の降伏によって終結しますが、日ソ両軍ともに多くの犠牲者を出し、また、日本兵はその後も捕虜として不当に抑留されることとなります。郡司大尉らの命がけの努力によって明治二十六年に開拓された占守島は、五十二年後のこの時からソ連領となりました。

話を明治二十六年（一八九三年）にもどすと、郡司大尉の行動に刺激された雪斎は、彼を追うように北海道まで行きます。

この時の雪斎の事を、『新天地（金子雪斎翁之追憶）』の中で、相生由太郎は次のように語っています。


青年金子は、郡司大尉の意気に感じ、北海道までその一行を追ったが、ついに間に合わずして、野山に臥して食を攝《と》らないこと六七日に及んだが、それでも水を飲んで決して他人に食を乞わなかったというのは、有名な話であった。


この時、雪斎は二十九歳、東京の安定した生活を捨て、本気で千島開拓に参加しようと考えていたことがわかります。

日本は、明治八年（一八七五年）の千島樺太交換条約によって千島列島を領土としましたが、ロシアへの遠慮もあって実質的な開拓をしていませんでした。このため他国による密猟が横行し、国益を損なう状況となっていました。この状況を打破するために、郡司大尉らが千島列島最北端の占守島入植を決行しました。

二十九歳の雪斎には、この郡司大尉らの国家のために命を懸ける行動が、まさに「知行合一」の壮挙と感じられたのでしょう。後先《あとさき》も考えず北海道を目指す雪斎の姿は、後年の雪斎翁と呼ばれた姿からは想像もできない血気盛んな若々しい姿です。

しかし、郡司大尉一行に追いつけなかった雪斎は、東京に戻る資金もなく、札幌で窮乏生活に追い込まれます。

昭和十三年（一九三八年）に振東学社が出版した『雪斎先生遺芳録』に、千葉良一郎がその頃の雪斎のエピソードを語っています。

これによれば困窮した雪斎は、札幌の下宿で毎日芋ばかりを食べて飢えを凌いでいましたが、この窮乏生活を見かねた下宿屋の未亡人が一計を案じ、娘さんの家庭教師を雪斎に頼み、その報酬として賄《まかな》いをすることになったそうです。

ある日、雪斎が娘さんを教えていると、夕刻の空腹に何とも言えぬ鰊《にしん》を焼くいい匂いがしてきました。

雪斎は、「寡婦の好意と自分の心に響くものを省察看破して、食物位にこの動揺は士たるもの の恥辱である」として、挨拶もなくその宿を出てしまったということです。

このエピソードには、若さゆえの虚勢を感じないでもありませんが、青年時代から自己を厳しく律していた雪斎の姿が、良く伝わる逸話だと私は思います。

そして、そんな雪斎には、札幌に在った新聞社『北門新報』の校正係という適職が見つかります。

雪斎が北門新報に入社した経緯については、『新天地（金子雪斎翁之追憶）』の中で、米山福造が次のように語っています。

先生北海道に行かれた時非常に困難され、その日の生活に追われた際、札幌某新聞社の食堂に昼飯のパン売をやりて生活された時、新聞社の重役が気の毒と見て社の活字拾いに採用された。その時活字拾いの如き下位の職で有りながら文章の字句その他盛んに校正をやり記者重役を畏敬させた。

生活に窮した雪斎は、北門新報の食堂でパンを売っていましたが、気の毒に思った新聞社の重役に活字拾いの仕事を与えられ一息ついたようです。

北門新報

新聞『北門新報』は、明治二十四年（一八九一年）四月に中江兆民を主筆として小樽で創刊されました。

中江兆民は高知県出身の思想家、ジャーナリストで、ルソーの『民約論』の翻訳や自由民権運動の理論的指導者として知られています。明治二十三年（一八九〇年）には第一回衆議院議員選挙に当選しましたが、翌年に辞職しています。兆民は議員辞職後の仕事として北門新報を選んだことになります。

北門新報は、明治二十五年（一八九二年）五月に小樽から札幌に移転しますが、この数か月後に兆民は北門新報を辞めています。従って、雪斎は兆民のいない札幌の北門新報に入社することとなりました。

余談ですが、この北門新報には明治四十年（一九〇七年）九月十六日から二十七日までの十二日間、石川啄木が雪斎と同じ校正係として勤務しています。

この北門新報での雪斎の仕事ぶりは、先に紹介した米山福造の思い出に「その時活字拾いの如き下位の職で有りながら文章の字句その他盛んに校正をやり記者重役を畏敬させた」とある通り、その学識の高さを発揮していたようです。

中野正剛は、『魂を吐く』の「偉人の平生」にこの時のことを次のように記しています。


金子雪斎先生は、かつて壮年、北海道に放浪して北門新報社に月給十五円の校正係に雇われた時など、主筆の文章に、ドシドシ勝手に筆を入れて縦横無尽に改ざんし、社長や主筆をして結局その実力に敬服せざるを得ざらしめたという話がある。

先の米山の記述と中野の記述を総合すると、雪斎は活字拾いの身でありながら、社長や主筆の文章を勝手に修正して活字を組んでしまい印刷発行していたことになります。

社長や主筆も雪斎の実力に敬服し、その行動を認めていたようです。

いかにも雪斎らしい仕事ぶりであったことが窺《うかが》われますが、少年の頃、陽明学の師で何度も藩政を批判し蟄居させられても屈しない硬骨漢《こうこつかん》、広部鳥道の影響が強く感じられて興味深い逸話だとも思われます。

しかし、雪斎はこの北海道でのジャーナリスト生活を一年で切りあげます。

日本は明治二十七年（一八九四年）七月、ついに清国との戦争に踏み切りました。

雪斎は、この日清戦争に志願、中国語の語学力を生かし通訳官として従軍していきます。

日清戦争

日清戦争は、朝鮮の支配権をめぐって日本と清国との対立が深まり、明治二十七年（一八九四年）に勃発しました。

当時の朝鮮は、国王高宗の下、高宗の父興宣《こうせん》大院君と王妃閔妃《びんひ》一族による権力闘争と、これを利用する日本と清国の複雑な外交戦略の中にありました。

この日清対立の伏線は、明治九年（一八七六年）の日本と朝鮮との間に締結された「日朝修好条規」に始まります。

当時政治の実権は興宣大院君にありましたが、彼は朱子学上の立場から西欧諸国を夷狄《いてき》とみなし、鎖国政策を堅持していました。

ところが、明治八年（一八七五年）、朝鮮の江華島において朝鮮砲台が日本の軍艦を砲撃したことから、日本側は応戦、砲台の占拠にいたる江華島事件が起りました。これを契機に、日本はその軍事力を背景に、翌年の明治九年「日朝修好条規」を締結しました。

「日朝修好条規」は、朝鮮にとって不平等条約でしたが、開国のきっかけとなり、はじめて他国から独立国として認められた条約でした。これをきっかけに朝鮮は西欧諸国とも同様の条約を締結します。

ところが、明治十五年（一八八二年）「壬午《じんご》事変」が起ります。これは、閔氏政権が軍隊の近代化策として日本の支援の下、「別技軍」を新設し、日本人教官を招致、教練を開始したことに反発した旧式軍兵士が、俸給の遅配、不正支給を理由に暴動を起こしたものです。

この反乱に対し、清国は三千の兵力でこれを鎮圧しました。清国はこの機に乗じ、清国軍をそのまま駐留させた上で、袁世凱を派遣し政治の実権を握らせました。この事変によって、朝鮮における主導権は再び清国に握られることとなりました。

次いで、明治十七年（一八八四年）「甲申《こうしん》政変」が起ります。これは、世界情勢を直視し、すでに崩壊の危機にある清国との宗属関係では独立を守れないと考え、明治維新で近代化を遂げた日本に学び、その協力のもと自主独立国家を創ろうとした、金玉均《キムオッキュン》ら急進開化派が起こしたクーデターです。

しかし、このクーデターは清国軍兵力、約千五百名の軍事介入によりあっけなく失敗に終わり、金玉均は日本に亡命しました。

甲申政変を清国軍の力によって押さえ込み、復権した閔氏政権は、内政改革の失敗のつけを民衆に重税というかたちで押しつけました。また、その開国政策は、外国資本の流入による経済の混乱を引き起こし、民衆の苦しみは頂点に達します。

明治二十七年（一八九四年）、全羅道古阜郡で起こった農民の反乱は、東学の信者を通じて全国的な内乱に発展していきました（甲午農民戦争）。

この内乱を鎮圧するために閔氏政権は、清国に援軍を要請しました。清国は要請に従い軍を派遣しましたが、日本もこれに対抗し大軍を鎮圧の名目で派遣しました。

驚いた閔氏政権は農民軍と急遽和睦し反乱を終結、日清両軍に撤退を求めましたが、両軍ともにソウル周辺に留まり対峙したまま膠着状態となります。

日本は、この時既に清国に対抗しうる軍備が整い、対清戦争を覚悟していました。最初の軍事衝突は、明治二十七年七月二十五日の豊島《ほうとう》沖海戦です。これをきっかけに陸軍も同日行動を開始し、八月一日両軍ともに宣戦を布告しました。

戦闘は、九月の平壌攻撃、黄海海戦、十一月の旅順港攻略、翌二十八年一～二月の威海衛攻撃と続き、日本軍は連戦連勝、北京に迫る勢いとなりました。

戦意を失った清国は、講和交渉を開始し、明治二十八年（一八九五年）四月下関において日清講和条約を締結しました。

この講和条約で日本は清に、朝鮮の独立、遼東半島・台湾の割譲、賠償金二億両《テール》を認めさせました。

二億両は、当時の日本円にして約三億円となり、明治二十八年の国家歳入（約九千万円）の三・三倍に相当する金額でした。

雪斎は、この戦争に中国語の通訳官として従軍し、陸軍とともに行軍、大陸の地を踏みました。通訳官は、現地人との交渉や捕虜の尋問などを行ないました。

台湾桃仔園

雪斎は、戦争終結後、割譲を受けた遼東半島の大連での活動を考えていたようですが、講和条約締結直後にロシア、フランス、ドイツのいわゆる三国干渉によって遼東半島は清国に返上することとなってしまいました。

そこで雪斎は、割譲された台湾に渡ります。

しかし、講和会議締結の明治二十八年（一八九五年）四月には、台湾はまだ戦闘が継続している状態でした。日本への割譲を快く思わない清国は、同年五月に台湾を「台湾民主国」として形式的に独立させ、もと清国軍の傭兵を主体とする台湾民主国軍に抗日闘争を起こさせました。

日本軍がこの抗日闘争を征して「台湾平定」を宣言したのは、この年の十一月十八日です。この抗日運動はその後もしばらく続きます。

日本は、初代台湾総督に樺山資紀《かばやますけのり》海軍大将、第二代に桂太郎陸軍大将、第三代に乃木希典《まれすけ》陸軍大将と軍人総督を起用し、軍事力による強硬な統治政策、日本への強引な同化政策を行ないました。このため当初は、台湾の民心を上手くつかむことが出来ませんでした。

この頃の雪斎の様子を、当時雪斎の部下だったという横山榮利が『新天地（金子雪斎翁之追憶）』で、次のように語っています。

先生の暴酒は、その頃盛んなもので、大柄の飛白《かすり》一枚で年中過ごし、俸給は百円ほどあったが悉く《ことごと》酒を飲み余るものは、妻子を招《よ》ぶ友人に恵み、病気の友に与え、悩む士人に呉れて、一匁《もんめ》の貯えもなかった。

台湾領有間もないこの頃は、総督府の事務も全く混沌としていて警察官が司法、行政の悉く《ことごと》をやり、住民の教育から産業の奨励、土地の繁栄策まで一手に引受けてやるので、とても忙しかった。

雪斎は中国語に通じていたので、日本人に中国語を教え、中国人に日本語を教えた。

また面倒な事件は大小となく雪斎が顔を出さなければ解決せず、中国側でも雪斎が引受けて解決したことには少しも疑念を挟まず、その頃から公平な裁きによって、住民達から金子大人《チンツ》と呼ばれて尊敬されていた。

横山榮利は、このように雪斎の優れた事績を語っていますが、同時に多くの字数を使い、雪斎の悪酔いした姿も語っています。

雪斎は、亡くなる前数年間は酒を断っていますが、それまでは酒の上の失敗に事欠きません。この頃、庄長（町長）宅の二階に雪斎と同居していた横山功巡査が、『雪斎先生遺芳録』に、笑話中の笑話として雪斎の次のようなエピソードを紹介しています。

　先生は酒間放尿には、宿舎の二階からホースを室外に向け、くの字形となって発放する事が定例であった。酔余の放尿は何人も時間を要するが、先生の長き事は又有名であった。その直下は豚の飼育場に当て、二三頭が鼻を鳴らしながら先生の放尿を眺めつつあった。折しも先生は、アッと云う間もなく豚共の棲家に、大の字となって墜落して仕舞ったのである。豚共は先生の墜落に驚き盛んに奇声を挙げた。僕も大いに驚き駆け付けた時は、顔面より鮮血を流してドロドロの泥濘《でいねい》より、半身を現して居るが手も付けられぬ汚さである。庄長や下僕も駆け付け、早速微温湯《ぬるまゆ》で汚れを清め、瘡所には素人手当を加え、膏薬を貼ったりしたが、眉間に残ったその時の瘡跡は終生の記念となった。

酒を飲むとだらしない姿をさらけ出す雪斎ではありますが、この同じ文章に、雪斎は「伴任官たる警察署長の如き奏任官たる内務署長の如き官等の上から上官であっても、金子平吉その人の文才識見人格の前には、無価値であるかの如き現象であった。そして先生は左様な階級如きは毛頭も眼中になく、誰に対しても真理には低頭し、不義には之に抗し、従って土人の親しみはその人格の尊敬と共に、親鳥の翼の下に集まる小鳥のよう」であったと記されています。

雪斎は公平無私な裁きにより、台湾の人々に信頼されていたことがよくわかります。雪斎は、「敬天愛人」の心を以って、台湾の人々に接していました。

また、横山榮利が「俸給は百円ほどあったが悉《ことごと》く酒を飲み余るものは、妻子を招《よ》ぶ友人に恵み、病気の友に与え、悩む土人に呉れて、一匁《もんめ》の貯えもなかった」と記したように、雪斎は生涯蓄財ということを考えず、妻帯もせず、一身を天下にささげる人生を貫きましたが、俸給を困った人に分け与える等、この頃からその覚悟を持っていたことが分かります。

雪斎が尊敬する西郷隆盛は、『西郷南洲翁遺訓』で次のように述べています。

　命もいらず、名もいらず、官位も金もいらぬ人は、仕末に困るもの也。此の仕末に困る人ならでは、艱難《かんなん》を共にして国家の大業は成し得られぬなり。

西郷は、「命もいらず、名もいらず、官位も金もいらぬ人」でなければ、共に国家社会の重大事に当り、難局をのり切る事が出来ないと言っています。

明治新政府で、薩摩・長州の出身者が維新の理想を忘れ、立身出世を争い、豪奢な生活を競う姿を見て、幕末・維新に志なかばで亡くなった人々に申し訳ないと、鹿児島に引きこもった西郷の気持ちに、雪斎は共感していたのではないでしょうか。

天下の公人

雪斎の金銭に対する考え方をあらわす出来事を、中野正剛が『魂を吐く』のなかで次のように語っています。

中野が衆議院議員に初当選して間もない頃のある日、自分を応援してくれる先輩たちと話し合っていた時、誰言うともなく「中野も政治家にはなったが、食えないでは困るだろう。何とかしてやりたいものだ」という話が出た時、同席していた雪斎が憮然として次のように語ったということです。

中野の為に衣食の世話をしてやって、それが何になる。痩せても枯れても代議士といえば立派な天下の公人だ。

公人は公事を憂うべきで、私事を考える暇など無いはずだ。

大政治家になれば大金を要するかも知れぬが、それは公人もしくは公党の公費で、ここにおる連中で助けてやる位のケチな金では間に合わない。何れにしても中途半端な話は止《や》めたがよい。

知己先輩たるものは、天下国家の為に中野にやらせたいという事があるなら、それをどしどし教えてやるがよい。それ以外の私事には、俺は一切相談に乗りたくないのじゃ。

ところが、「それでも、中野が現に食えないとあっては気の毒だ。食えるようにして働かしてやろうではないか」とある人が重ねて言うと、雪斎は次のように言って帰ってしまったそうです。

馬鹿なことを言うな、俺は未だこの年になるが、代議士が餓死したというものを見た事がない。

この日本国に少壮代議士中野正剛が、ほんとに餓死したら、日本国の誇《ほこり》だ。誰もかも、功名を追い、利権を漁り、食い過ぎて、脂肥りに肥っている奴ばかり多い世の中に、一人位代議士の餓死も結構じゃないか。

世間はこんな男を決して捨ててはおかない。一度《ひとたび》、これ迄に徹底すれば、中野が政治的良心を失わずして奔走する限り、求めずして天下は麦飯ぐらい提供するだろう。

古《いにしえ》より志士仁人《ししじんじん》、大政治家ともあろう者に、ニセ者でない限り、この位の覚悟がないものはないのだ。どうだ、分ったか。俺はこんな会は御免蒙《こうむ》る。


雪斎は、私財というものは酒が飲めて飯が食えるだけあれば十分であり、それ以上求める必要は無いと考えていました。

従って、雪斎は位階勲等や財貨には全く興味がなく、我利を捨てて国家・社会のために尽くす生涯を貫きます。

襟巻の乙女

雪斎は、このように生涯蓄財ということを考えず、妻帯もせず、一身を天下にささげる人生を貫きましたが、三十歳前半のこの頃は、全く女性に興味がなかったわけではないようです。

渡辺龍策《りゅうさく》は、自著『大陸浪人』に、雪斎の次のようなエピソードを紹介しています。

雪斎が東京で間借をしながら塾を開いていたころ、母堂が福井から十八歳になる可憐な乙女をつれて上京した。もちろん母親は彼の嫁にするつもりであった。

しかし彼は、とても結婚などしていられないといって、すげなくこれを拒絶した。母は、がっかりしてその乙女をつれてひきかえした。

彼は、べつにその娘が気に入らなかったわけではなかった。追いかえしてしまったけれども、その島田に結った、三角にたたんだ襟巻の乙女のいじらしい姿がこびりついて、申し訳ないという気持ちがいつまでも胸に残った。とずっと後年になって彼は人にもらした。


青雲の志をもって故郷を出た雪斎は、嫁ぐと覚悟を決めて遥々《はるばる》と、雪斎のもとにやって来た可憐な少女を冷たく拒絶しました。

寂しく故郷に帰って行く少女のいじらしい後ろ姿に、多少の後悔の念も有ったかもしれません。申し訳ないという心は生涯持ち続け、忘れることは無かったようです。

吉田時也氏は、雪斎の妹の息子さんですが、『新天地（金子雪斎翁之追憶）』に、次のような話を載せています。


或時、親戚の人が、どうして結婚しないのかと尋ねていましたが、叔父は、若い頃結婚の約束をした娘が死んだのでそのままになったと云っていました。

この話、真偽のほどはわかりませんが、全くのでたらめを雪斎が言ったとも思われません。かつて母親が連れて来た可憐な少女のことを、このように表現したのかもしれません。また、『新天地（金子雪斎翁之追憶）』で、前出の横山榮利が次のような事を語っています。

先生は台湾人の姉妹で、阿堂、阿金と呼ぶ十八九歳位の美少女の家によく酒を飲みに行った。この二人の姉妹は先生を慕って、酒を買って来て先生をもてなすので、ここでは、先生がおとなしく酒を飲んで金をくれて帰った。この二人の美少女は、日本人などの及ばない程の、美しい娘であったが、最後まで先生を兄のように慕って来たものであった。

雪斎は、この頃酒を飲むと暴れて手が付けられない状況になりましたが、阿堂、阿金と呼ばれる美しい姉妹の前では、大人しく酒を飲んでいました。この美しい姉妹のなかに、かつて母親が連れて来た可憐な少女の面影を見ていたのかも知れません。

桃仔園弁務署

明治三十一年（一八九八年）二月に第四代台湾総督に児玉源太郎が就任しますが、本国での業務多忙な児玉に代わり、実質的な代理として後藤新平が民政長官に就任すると、ようやく統治政策が改善されます。

後藤は、文化・文明の立ち遅れている台湾への急激な同化政策実施は困難であると考え、まず台湾の社会風俗などの綿密な現地調査をもとに政策を立案し、現地の慣習を尊重しながら徐々に同化するという統治方針を採用しました。

また、当時中毒患者の多かったアヘンについても、アヘン吸引を免許制として新規免許を発行しないことで吸引者を減らし、重傷者には治療を勧め最終的に吸引を禁止するといった「阿片漸禁《ぜんきん》策」によって中毒患者を減らすことに成功しました。

このようにようやく台湾統治が安定してきた明治三十四年（一九〇一年）元日から六月十四日までの雪斎の日記が『雪斎遺稿』に掲載されています。

日記の内容から推察すると、三十六歳になった雪斎はこの頃、警察官ではなく台北県の桃仔園弁務署のしかるべき地位にあり、桃仔園地区の行政を司っていたことがわかります。

公学校の運営や新設の手続きから建設、教科書の改訂・配布、学校長会議の運営、師範学校の入学試験など教育関係の業務、街庄《がいしょう》（内地の町村に該当し、現地住民による組織）の指導や街庄長会議の運営、砲兵隊・憲兵隊など兵士の宿割りその他の業務、知事の現地視察・住民との意見交換での通訳、現地住民の申し出応対と処置等々様々な業務を、中国語の語学力を活かし的確にこなしていました。

雪斎は、このように有能な役人としての一面を持っていますが、四月一日の日記には、雪斎が思想家としての志を持ち続けていることがわかるエピソードが綴られています。

明治三十四年（一九〇一年）四月一日、この日は、憲兵を送別するための官民懇親会が景福宮で開催されました。

雪斎は、憲兵を送別する演説を行い、次のように語りました。


今日の送別会は、これまでの諸君の功労に感謝するものですが、今後はこれまで以上に働いてもらわなければなりません。

但し、軍人が尊ばれる理由は、その燦爛《さんらん》たる金モールではなく、忠義心があつく勇気のある行動に在ります。位階・勲等ではなく、思いあがることなく品行を方正にすることにあります。

そうであれば、諸君が肩を聳《そび》やかさなくとも、人は自らその威厳に服すでしょう。

これは、明治天皇が陸海軍人に下賜した軍人勅諭に明らかなる所です。諸氏乞う之を勉めよ。


四月三日、齋藤公医署長が見舞いと称して来訪し、「憲兵が君の一昨日の演説に対し、その無礼を憤っていた」と伝えてくれましたが、雪斎は、「私は私の言いたいことを言っただけで、彼らが憤ると否とは私の知るところではありません」と答えています。

雪斎は、台湾の民衆に対して傲慢な態度を示す憲兵に対し、金モールで飾り立てた軍服で肩を聳《そび》やかし、見せかけの威厳を誇示するのではなく、謙遜で傲《おご》らず品位のある行いに勉めるよう訓示しました。

常に民衆の側に在って彼等の代弁者である雪斎は、日頃の憲兵の態度がよほど腹に据えかねたのでしょう。憲兵が苦情を言っていたと聞いても、全く気にすることはありませんでした。

一方で、雪斎は志を遂げられない思いを日記に書き記しています。

四月十九日、この日、雪斎のもとに鉄道部の吉田学順という郷土の後輩が尋ねてきました。故郷の話をあれこれとしていると、不覚にも二十年前の自分を思い起こしてしまいました。

「嗟呼《ああ》春風秋雨、二十の星霜過ぎ来《きた》って夢の如し。十五六歳で故郷の明新中学校から東京に出て、和漢洋の書を読み耽《ふけ》りながら天下をにらんでいた当時の意気は、今どこに在るのだろう。当時どうして二十年後の今日、台湾の一小俗吏となって僅かな俸給を受ける身など目指したろうか。当時どうして二十年後の今日、なお理想の極致に達せずして社会の溺れを救うこともできず、空しく世の小児に伍してひとり寂しく一室に筆をもてあそぶ一小漢たるを目指したろうか。

筆を投じて大息すれば、蟋蟀《しっしゅつ》〔秋に鳴く虫〕蛙鳴《あめい》〔騒がしく鳴く〕に和して半夜の寂寞《せきばく》を破りつつ在り噫《ああ》！」と、高い志を以て故郷を出たものの、こころざしを遂げられない鬱屈とした思いを日記に綴っています。

この頃から雪斎の思いは中国大陸にあり、日本の未来は中国大陸との共生にあると考えるようになりました。その大陸に進出できず、台湾の桃仔園という一地方にくすぶっている自分の歯がゆさを、酒にまぎらわす日々を送っていました。

しかし、この僅か三年後に勃発する日露戦争によって、雪斎の運命は大きく飛躍することとなります。

四月二日の日記に雪斎は、日本が露清密約に対する単独抗議を行ったという新聞記事を読み、その感想を次のように書き留めています。

嗚呼《ああ》欧亜に蟠居《ばんきょ》して獣欲を逞《たくまし》うする彼れ露西亜《ロシア》は、世界に比類無き蛮勇を揮《ふる》って更に東洋を攪乱《かくらん》せんとす。

上天の威霊《いれい》〔御威光〕に頼《より》てその貪婪《どんらん》〔貪欲〕の鋒《ほこ》を挫《くじ》くに非ずんば、天下の平和を如何《いかん》せむ。我国の天職は正に救世軍の急先鋒たるなからんや、四千万の同胞は死を以てこの天職に趨《はし》らざる可《べ》からざる也。

露清密約とは、明治二十九年（一八九六年）六月、ロシアのロバノフ外相と清国の李鴻章《りこうしょう》が結んだ密約、露清防敵相互援助条約のことです。

ロシアは、三国干渉で日本から清に遼東半島を返還させ、対日賠償金に対しても借款供与を申し出て清国に恩を売り、この条約を秘密裏に締結しました。

この条約は、日本の脅威《きょうい》に対し、露清が協力して対抗するという名目になっていますが、ロシアは満洲を横断する鉄道利権（シベリア鉄道と軍港ウラジオストクを結ぶ東清鉄道の施設権）を手にしました。

更に明治三十一年（一八九八年）三月、ロシアは三国干渉で日本が清に返還した遼東半島の港湾（旅順・大連）の二十五年間に渡る租借権と、東清鉄道と大連とを結ぶ支線（南満洲支線）の鉄道敷設権を獲得しました。

露独仏の三国干渉によって遼東半島を返還させられ、大きな屈辱を味わった日本国民は、その後「臥薪嘗胆《がしんしょうたん》」を合言葉として政府の富国強兵策に協力していました。

ロシアが、その遼東半島の旅順・大連を租借し、満洲の鉄道敷設権を獲得するという暴挙に出たことは、雪斎ならずとも日本国民の反発を招くこととなりました。

かくして明治三十七年（一九〇四年）二月、日露戦争が勃発すると雪斎は再び通訳官として従軍、満洲の地を踏むことになります。

第三章　日露戦争

遼陽会戦

明治三十三年（一九〇〇年）、清国では「扶清滅洋《ふしんめつよう》（清朝を助け、西洋人を滅ぼせ）」を掲げる政治結社「義和団」が、清国各地で日米を含む欧州列強への排斥運動を開始し、同年六月には、北京の列強公使館を包囲する事態に至ります。

日清戦争に敗れ、その弱体化した姿をさらけ出した清国は、日本への多額の賠償金支払いを列強からの借款に頼りましたが、これに対する見返りとして、列強に租借地を提供し鉄道の敷設権を認めることとなりました。

ロシアは、旅順・大連を租借し東清鉄道の敷設権を、ドイツは、膠州湾を租借し山東鉄道の敷設権を、イギリスは、威海衛を租借し香港と広州を結ぶ広九線、上海と南京を結ぶ滬寧《こねい》線の敷設権を、フランスは、広州湾の租借権を獲得しました。

日本も台湾の対岸、福建省を外国に割譲しないことを清国に約束させ勢力圏としました。

このように清国は列強により分割され、実質的には半植民地状態となってしまいましたが、この列強の露骨な侵略に対する民衆の抵抗運動が「義和団の乱」です。

これに対し列強各国は、地理的に大軍派遣が可能な日本を中心とした連合軍を組織し鎮圧にあたりますが、清国の最高権力者である西太后《せいたいごう》は義和団と手を組み、多国籍軍に対し六月二十一日宣戦を布告します。

これにより「義和団の乱」として始まった民衆による暴動は、「清国と義和団」対「列強連合軍」による全面戦争（北清事変）へと発展しました。

しかし、近代化の遅れた清国軍と雑軍・義和団では、最新の兵器と戦術による列強連合軍に太刀打ちできるはずもなく、西太后は八月十五日西安に脱出してこの戦争は終結します。

日本は、この戦争に連合軍の半数以上となる二万名の兵士を派遣し、勝利に大きく貢献しました。

一方、列強は清国から兵を引きますが、ロシアはその後も満洲に居座り、領土的野心を露骨にあらわすとともに、朝鮮への侵略意図も見せ始めます。

日本は、このロシアの南下圧力に強い脅威を感じますが、まだ対抗できるだけの充分な力がありません。

ところが、ロシアの南下政策が自国の権益を侵すとの危機感を持ったイギリスは、義和団事件でその実力を示した日本との軍事同盟（日英同盟）を明治三十五年（一九〇二年）一月に締結しました。

日英同盟によって力を得た日本は、明治三十七年（一九〇四年）二月、ついにロシアに宣戦布告します。

日本にとってこの戦争の最大の課題は、海上輸送路の確保にありました。従って、この戦争は日本海軍がロシアの旅順艦隊を旅順港に閉じ込め、海上輸送路を確保し、黒木為楨《ためもと》大将率いる陸軍の第一軍を朝鮮半島に、奥保鞏《やすかた》大将率いる第二軍を遼東半島に上陸させるところからはじまります。

第一軍は、五月一日に朝鮮と満洲の国境を流れる鴨緑江岸でロシア軍を破り（鴨緑江会戦）北上を続けます。

第二軍は、五月二十六日、旅順半島の付け根にある南山のロシア軍陣地を攻略し（南山の戦い）、大連を占領後、得利寺《とくりじ》の戦い、大石橋《たいせききょう》の戦いに勝利しながら、遼陽に向けて進軍を開始します。

一方、海軍は旅順のロシア艦隊を殲滅すべく旅順港への攻撃を仕掛けますが、港内に閉じこもったロシア艦隊は守りを固め動こうとしません。陸軍は旅順攻略のために乃木希典《まれすけ》大将を司令官とする第三軍を編成しますが、ロシアの築いた要塞は極めて堅固で、第三軍の死傷者は膨大な数に上っても微動だにしない状況でした。

このように日本軍が旅順艦隊を攻めあぐねているその時、ロシア本国からロジェストヴェンスキー中将率いるバルチック艦隊が極東に派遣されるとの情報が確認されます。

バルチック艦隊が到着すれば日本軍は制海権を失い、海上輸送路は寸断され、陸軍は満洲に孤軍となってしまいます。

このような状況下で、八月末、第一軍と第二軍に野津道貫《みちつら》大将率いる第四軍を加えた陸軍は、旅順の戦況を憂慮しつつ、遼陽においてクロパトキン大将率いるロシア軍と戦闘（遼陽会戦）、遼陽を占領しました。

十月、遼陽と奉天の中間付近を流れる沙河《しゃか》で両軍が再び激突（沙河会戦）しますが、日本軍が守り切り、冬を前にしてここで対陣に入ります。

沙河の対陣

雪斎は、この対陣中の沙河から日露戦争に参加することになります。当時、台湾守備混成第一旅団長であった木村有恒《ありつね》少将が、黒木大将の第一軍隷下、近衛歩兵第一旅団長となり日露戦争に出征した際、木村少将に請われ、雪斎（四十歳）は将校相当の通訳官として従軍しました。

この時（明治三十七年十一月十日〜明治三十八年四月三日）の雪斎の従軍日誌が『雪斎遺稿』に掲載されています。

ここからは、この従軍日誌を通して雪斎の目で日露戦争を見て行くことにします。明治三十七年（一九〇四年）十一月十日、雪斎は台湾の基隆港《キールン》を木村少将等と共に薩摩丸に乗船し、当時大陸進出の前進基地となっていた広島県の宇品《うじな》に向けて出帆しました。十一月十七日、雪斎は、宇品から木村少将らと共に安藝丸の上等室に乗船し大連に向いました。兵員は、約二個中隊、四百名程が同乗しています。

十一月二十日、雪斎は、台湾を出発して十日目、ようやく大連の地を踏みますが、翌十一月二十一日には休む間もなく遼陽に向かいました。

この二十一日の日誌は、次のように綴られています。

六時起床、荷物を整え少将と共に停車場に至る。十時に至り始めて遼陽行を発す。客車なくして何《いず》れも荷物の上に座す。寒風膚《はだ》を切るが如《ごと》く、殆んど生きた心地なし。南山、得利寺《とくりじ》、大石橋《たいせききょう》等を経、夜、海城を過ぎて旧戦場を偲《しの》び、路辺《ろへん》に累々たる我が将卒の墳塚を見ては坐《そぞ》ろに暗涙を催すを禁ぜず。

大連から遼陽に至る列車では、数カ月前の戦場に累々と残る戦死者の墳墓を見て涙する雪斎の姿がありました。

雪斎は、十一月二十二日、本営のある黒牛屯に到着、翌日から鼻水が凍り呼吸すら苦しい、マイナス二十度の極寒の地で通訳官としての任務を開始します。

日誌の通訳官としての業務に関する部分だけを切り出して見ると、雪斎の仕事ぶりが良くわかります。

十一月二十七日、司令部のために家屋を接収されている李乃九と名乗る家主が、家業の豆腐を造る場所を確保してほしいと訴えにきました。李一家二十六人は狭い一室に押し込められ、豆腐造りの場所は軍の炊事場となっていました。雪斎は、李乃九の家族が難渋している姿に同情し、家業の豆腐をつくる場所の確保に尽力します。

他国の兵隊が自分たちの土地で勝手に戦争をして、そのために苦悩する民衆の思いを、雪斎は自分の事のように受け止めていました。

十二月五日、第四軍の間諜と称する韓鼎鎔と名乗る男が連行されてきました。

雪斎は、この男を尋問し師団本部に送ります。

また、前線で拘束され夕刻に連行されてきた挙動不審の中国人、趙祥と高志英の取調べは、翌六日までかかりました。

この二人は連隊長の命令によって後方に遞送《ていそう》する事となり、身体検査の上、護送して師団本部に送りました。

戦場では、日露双方が現地人スパイを使い情報戦を展開しています。雪斎にとって、前線から連行されてくる挙動不審な中国人の取り調べも重要な任務でした。

十二月十三日の夕方、雪斎は、ロシア軍から脱走し投降してきたモイセイ・ヘエエンと名乗るユダヤ系青年を取調べました。

この青年は、西比利亜《シベリア》第一軍団第九師団三十三連隊の二等卒とのことですが、米国に居る兄弟から、「日本に投降の上、斯かる煤窟の戦場に居らんより、手続きを求めて米国に来《きた》れ」との連絡があり、投降の意を決したようです。彼も取調べの上、師団本部に送ります。

雪斎は、英語の他にドイツ語、ロシア語も多少話せたようですので、ロシア国内のユダヤ人に対する迫害は当時極めて深刻でしたから、その実態を知ることができたものと思われます。

十二月二十三日、大官屯の村長が約三十余名の村民を率いてやって来て、日本兵が民家を破壊し、その屋材を持ち去ったと訴えました。日本軍は、防御拠点構築のため勝手に地元民の家屋を解体し、木材を持ち去ってしまいました。雪斎は、村人のために大隊本部に掛け合い、補償金四十円を支給しています。

十二月二十七日の日誌は次のように綴られています。

　村上一等軍医と共に支那人のバラックを見舞い病人を診察す。
　その惨状憐れむべきものあり。但し、腸チブス無し。

この日は、地元住民の依頼で病人を診察に行きました。軍医の通訳として同行したものですが、その生活の惨状に驚き同情しています。「但し、腸チブス無し」という言葉に、患者に対する愛情と患者の惨状に対するせめてもの安堵感が表われています。

十二月二十九日、大官屯の孫文峯（十六歳）という青年が、無給で給仕に雇われることになりました。

本人は読書好きで、四書千家詩《せんかし》等を能《よ》く記憶していて、当地の少年としては稀《まれ》に見る才能だと雪斎は感心しています。

そして、翌日には孫文峯と四書や千家詩等を復習して、その意義を議論しました。

雪斎は、十六歳の青年孫文峯の才能を高く評価し、その才能を認めます。漢学を極めた雪斎には、国籍に関わりなくその教養の高さを愛する心がありました。

このように、雪斎は地元住民に対しては、極めてあたたかい心で接していることが日誌から読み取れます。ここでも雪斎は、「敬天愛人」の心を以って地元住民に接しています。

この経験は、戦争終結後における雪斎の行動、即ち、中国大陸の発展を担《にな》う青少年を育成するための私塾「振東学社」の設立や、雪斎の人格に傾倒した中国の人々が設立した漢字新聞『泰東日報』の経営に結びついていったものと思われます。

雪斎は十二月三十一日大晦日にあたり、明治三十七年（一九〇四年）を振り返り、思うところを日誌に記しています。

嗚呼《ああ》多忙なる三十七年は終わりを告げぬ。（中略）半点の得る処なかりし三十七年は去れり。而して来《きた》るべき三十八年は嗚呼如何《いかが》。

雪斎は、この戦争で苦しむ中国の人々のために尽力します。
また、投降してきたユダヤ系の青年の尋問を通じて、ロシアの民衆の惨状もうかがい知るところとなり、この戦争の意味について疑問を持ちます。
それが「半点の得る処なかりし三十七年は去れり」という言葉に表われています。そして、雪斎は続けます。

如何《いか》に露国を粉砕し盡《つく》すも、如何に世界列強の耳目を聳動《しょうどう》〔驚かす〕せしむるも、如何に国民の雷声喝采熱涙奮起を買うも、（中略）此の虚霊《きょれい》〔心〕の中に磅礴《ほうはく》せる〔みなぎる〕一片の性格にして動物的ならんか。依然たる弱国のみ、貧国のみ、蛮国《ばんこく》のみ。
思うて此《ここ》に至れば戦勝に酔う国民ほど憐れむべき者はあらず。基本を忘れて末流に喚喁《けんぎょう》する〔騒ぎ立てる〕国民ほど笑うべきはなし。吾《わ》れは唯《ただ》戦局の勝敗を憂《うれ》えずして戦勝後の国民が挙《あげ》て動物化せんことを恐れるものなり。

雪斎は、この戦争の勝利を予測しており、戦勝後の国民の反応を「動物化」という言葉で危惧しています。

戦勝に浮かれた国民が、依然として国力は弱く貧しい日本の現状を顧みず、動物化して欧米人のように、武力によって富を追い求める方向に向かうであろうことに、心を痛めているのです。

戦後、雪斎の予想は的中します。この戦争に勝利した日本は、講和条約ポーツマス条約でロシアから南樺太の割譲及び、遼東半島の租借権移譲を受け、満洲・朝鮮の利権を手にしましたが、賠償金を得ることができませんでした。

これに怒った民衆は、内務大臣官邸、新聞社、交番等を焼き討ちし、戒厳令が布かれる事態となりました（日比谷焼討ち事件）。

日露戦争の戦没者は、八万五千名の多くに上り、国民は満洲を国民の血で勝ち取った特殊地域として認識するようになりました。

日本は、アヘン戦争に敗れた清国が西洋列強の植民地と化す姿を目の当たりにして、自国が植民地化される危機感から明治維新を起し、明治新政府のもとで西洋の科学技術を積極的に取り入れ近代化を進めてきました。

一方でロシアは、不凍港を求めて満洲の権益を確保し軍隊を居座らせ、朝鮮にまでその触手を延ばしてきました。

朝鮮がロシアの支配下となれば、次は日本がロシアの植民地として狙われます。そうなれば明治維新以来積み重ねてきた、日本の努力は水泡に帰すこととなります。

従って、この日露戦争は、日本国民にとってはロシアの獣欲から国を守る正義の戦いであり、雪斎にとっては満洲の民衆をロシアの支配から解放する正義の戦いだったのです。

ところが日本がこの戦争に勝利するということは、今ロシアが持つ満洲の利権を、日本が奪い取ることになると雪斎には見えていました。

雪斎には、中国大陸という獲物に食らいつく欧米列強という猛獣の中に、日本という猛獣が加わり、むしゃぶりつく姿が目に浮かんでいました。

しかし、この段階では正義の戦いに負けるわけにはいきません。

敗戦は日本国民も満洲の民衆もロシアという猛獣の餌食となることを意味していました。

明けて明治三十八年（一九〇五年）の元旦、日露戦争の戦況を大きく左右する、重大な情報が満洲の日本軍にもたらされました。

明治三十八年一月一日、雪斎は師団本部で年始の挨拶を交わし、形ばかりの祝酒の膳につきました。

雪斎はこの様子を「炊事の兵卒中々旨く料理し、キントン、ゴマメ、ビフテーキ等を排列し献酬一遍座に復して雑煮を祝う。各将校の年賀に来るもの引きも切らず」と記しています。

そして、まさに眠りに就こうとした午後十一時、その情報が乃木大将からの情報として届きます。

十一時将《まさ》に眠りに就かんとす、忽《たちま》ち電話に接す。第三軍司令官より情報なりき、情報とは何ぞ。

ステッセルは本日午前十時旅順の開城を通告しけり。

情報を知った兵卒は皆起き出して万歳を唱え出し、第一連隊の各部隊などは門外に出て万歳を大唱したので、其の声は敵塁にもとどかんばかりでした。

新年の祝酒は既に済んでいたので、今度は祝勝だといって再び起き出して、酒保《しゅほ》〔売店〕を開けさせるものもいたようです。

雪斎は、「目出度き新年は、一層の活気を呈し来れり」とこの日の日誌を締めくくりました。

前年の八月十九日の第一回総攻撃に始まった旅順攻囲戦は、ロシアの堅固な要塞に阻《はば》まれ、乃木大将の第三軍は、いたずらに死傷者の山を築くのみでした。

海軍は、旅順港を一望できる二〇三高地の攻略を優先するよう再三要請していましたが、頑迷に正面攻撃を続けていた乃木大将は、十一月二十六日になって、ようやく二〇三高地攻略に方針を転換、十二月五日激戦の末、遂に二〇三高地を占領しました。

この二〇三高地に観測所を置き、旅順港のロシア軍艦を砲撃すると同時に、要塞攻撃を続行しました。そして、翌、明治三十八年（一九〇五年）一月一日、要塞攻略の最終目標である望台を日本軍が占領したところで、ロシア軍旅順要塞司令官ステッセル中将は降伏を決意しました。

一月五日にあの有名な「水師営の会見」が行われ、乃木大将とステッセル中将による旅順軍港攻防戦の停戦条約が締結されました。

旅順の戦況は、日本陸海軍にとって、喉に刺さった小骨のように憂慮の種でしたので、ステッセル降伏の情報に沸き立つ満洲日本陸軍の様子が目に浮かびます。

雪斎にしては珍しく歓喜を表した文章が日誌に綴られています。

その後も沙河の対陣は続き、雪斎の通訳官としての任務も淡々と進められます。

一月二十日、村長の李永溥及び李及九、李興山等から、保甲《ほこう》制度設置のため規約を設けて、巡邏《じゅんら》〔見回り〕防匪を行いたい旨の申出を受けましたが、雪斎は、そのような面倒な手続きをとる必要はないと口頭で許可しました。

一月二十三日、今度は栗殿試と蕭玉麟の二名が、代官屯の代表として保甲設立の許可を得にやって来ました。

しかも、その制服は會勇と称して、清国の勇兵の様式に準ずる服を着用し、棍棒を携行し、一村十名を以て巡邏するとのことでした。

保甲制度とは、中国の行政機関の末端組織で、清朝の時代には、主に各村の治安維持を目的として組織されていました。

満洲においては、匪賊の略奪から村を守る防衛組織としても機能していたことが伺われます。雪斎は、台湾時代に警察官の経験があり、保甲制度についても十分な知識があって設置を許可し、軍の鑑札を発行しています。

黒溝台会戦

一月二十五日に戦況は大きく動きます。

ロシア軍は、新たに着任したグリッペンベルク大将主導による日本軍最左翼、黒溝台方面への攻撃を開始しました。

この時、日本軍の布陣は、最左翼が秋山好古少将率いる秋山支隊、ここから右に向かって、奥大将率いる第二軍、野津大将率いる第四軍、そして、最右翼を黒木大将が率いる第一軍が守る布陣となっていました。

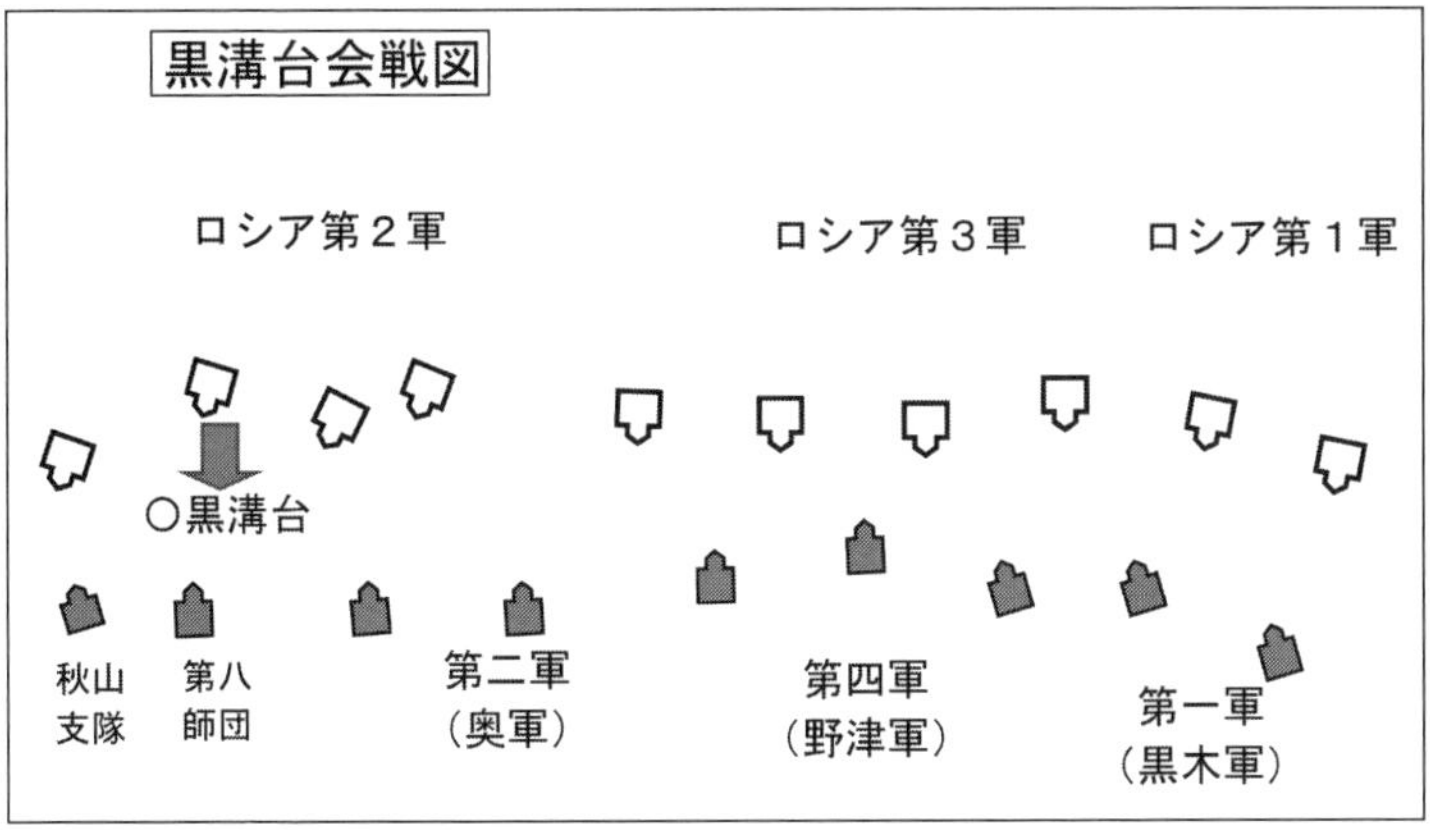

雪斎は、最右翼の第一軍に属していましたので、黒溝台方面からは最も遠い戦場で、この会戦を体験しました。

しかし、この黒溝台会戦は、総司令部の「冬季にロシア軍は本格的な攻撃を行わない」と言う甘い見通しによって大苦戦となり、日本軍崩壊の危機に直面することとなりました。

一月二十五日の雪斎の日誌から、この戦闘を追っていきます。

一月二十五日、ロシア軍が黒溝台の前面に四十門の砲を配置したとの情報が日本軍に入りました。

敵の捕虜の自白によれば、二十六、二十七日の両日を以て日本軍の両翼に向け総攻撃を開始するらしいとのこと。

軍司令部はこの情報に対し、各隊に「敵の攻撃を受けるも勉めて静粛を守り、妄動するなかれ」との訓令を発しました。

一月二十六日、未明から、黒溝台方面を攻撃するロシア軍の砲声は凄まじく、大地を揺るがし雷の如くで、終日鳴りやむことがありませんでした。この日、ロシア軍は、猛攻撃によって黒溝台を占領し、更に古城子に向かって進出しようとしていました。

更に、この日の日誌には、第一軍参謀長からの情報として、去る一月二十二日に露都サンクトペテルブルクで起こった、いわゆる「血の日曜日事件」についての詳細が記されています。

欧州よりの電報に依れば、露国内部の事情は益《ますます》危険に陥《おちい》り、各工場は十五十六日以来同盟罷工《ひこう》〔ストライキ〕し、カボンなる一僧侶の指揮下に在りて政治的運動を企て、その数五万乃至《ないし》七万にして、二十二日以来露都の主なる市街は一大騒擾《そうじょう》に陥《おちい》り、流血の巷《ちまた》となれり。

これは、教会神父であるガポン神父が計画した、皇帝ニコライ二世への平和的な請願行進に対し、政府当局が軍を動員し発砲、多くの死傷者を出した事件です。

ところが情報では、「カボンなる一僧侶の指揮下に在りて政治的運動を企て」となっていて、これが革命運動と捉えられていたことがわかります。

婦女子の死傷は目も当てられず、士官にも負傷者を生じ、戒厳令は施行せられ、皇太后は都府を去り、皇帝の行方不明となり、電燈は点火せられず、新聞紙の発行無く、銀行は閉鎖せられ、各公使館の護衛兵は約二倍に増加せられ、武器なき人民に対する軍隊の残酷なる殺戮《さつりく》は一般に憤慨《ふんがい》と激昂《げきこう》とに依りて、露都の中央部は殆んど荒らされたり。

雪斎は、自国の軍隊に銃口を向けられ殺戮された民衆を哀れみ、激戦の最中、この情報を詳細に書き記しました。

「武器なき人民に対する軍隊の残酷なる殺戮《さつりく》は一般に憤慨《ふんがい》と激昂《げきこう》とに依りて」という表現に雪斎の怒りの大きさがうかがえます。

一月二十七日、この日もロシア軍の砲撃は凄まじく、激しい戦闘が続きます。

そして、軍参謀から第二軍が第八師団を援軍として派遣し、黒溝台の攻撃を開始するとの通報がありました。

黒溝台会戦は、一月二十五日にグリッペンベルク大将率いるロシア第二軍十万の兵力が、日本軍の最左翼、黒溝台方面に大攻勢を掛けてきたことに始まります。

黒溝台方面を守るのは、秋山支隊の兵力僅か八千。秋山支隊が突破されれば、ロシア軍十万の兵が日本軍の背後に回り、日本軍は、正面のクロパトキン率いる主力軍とに包囲され、大崩壊の危機に直面します。

この状況に敵の攻撃意図を見誤っている総司令部は、二十六日に立見尚文《なおふみ》中将の第八師団二万の兵力を援軍として送りますが、相手は十万、秋山支隊、第八師団共に大苦戦となりました。

一月二十八日、第二軍は日没まで黒溝台の敵を攻撃しますが、敵の大部隊は頑強に抵抗し、未だ黒溝台を奪還することが出来ないとの情報が入ります。

一月二十九日、日誌は次のように記されています。


本朝五時二十分を以て第二軍は黒溝台を占領せりとの報あり。

但し、我軍の死傷は第八師団のみにても五千を超ゆべし云々。

総司令部は事態の重大性を認識し、第一軍、第二軍から大規模に援軍を派遣、二十九日によ
うやく黒溝台を奪還しました。
しかし、立見中将の第八師団だけでも、五千名を超える死傷者を出す大苦戦であったことがわかります。
そして、一月三十日の日誌は、次のように記されています。

過日、我二軍に向って活動せる敵の兵力は約七個師団云々。

その敵の動静等也。（中略）

帰営は五時なりし。この夜は彼我共頗《すこぶ》る静粛。唯《ただ》右翼に点々の砲声を聞くのみ。

ここで、雪斎は黒溝台を攻撃してきたロシア軍の兵力が約七個師団（約十万名）であったと、わざわざ、日誌の冒頭に記載しています。この情報を知って背筋が凍る思いをもった事でしょう。「この夜は彼我共頗る静粛」という言葉に安堵の色が隠せません。

この戦闘では、ロシア軍が圧倒的に有利な戦況でしたが、クロパトキン大将はなぜか正面軍を前進させず、グリッペンベルク大将に撤退を命令、日本軍は九死に一生を得ました。

雪斎は、この会戦では黒溝台方面から最も遠い右翼に在って、戦況は軍参謀からの情報と砲声の激しさにより知るのみで、眠れぬ夜を過ごしていました。

奉天会戦

日露戦争最後の大規模会戦となった奉天会戦は、雪斎たち第一軍の右、日本軍の最右翼に布陣した鴨緑江軍が、二月二十一日に清河城に籠るロシア軍を攻撃するところから始まります。クロパトキン大将は、鴨緑江軍を主力と誤認し大軍を増派してきました。この戦闘に雪斎の第一軍は、鴨緑江軍の進軍を援護すべく、敵を引付け牽制するための攻撃を開始します。

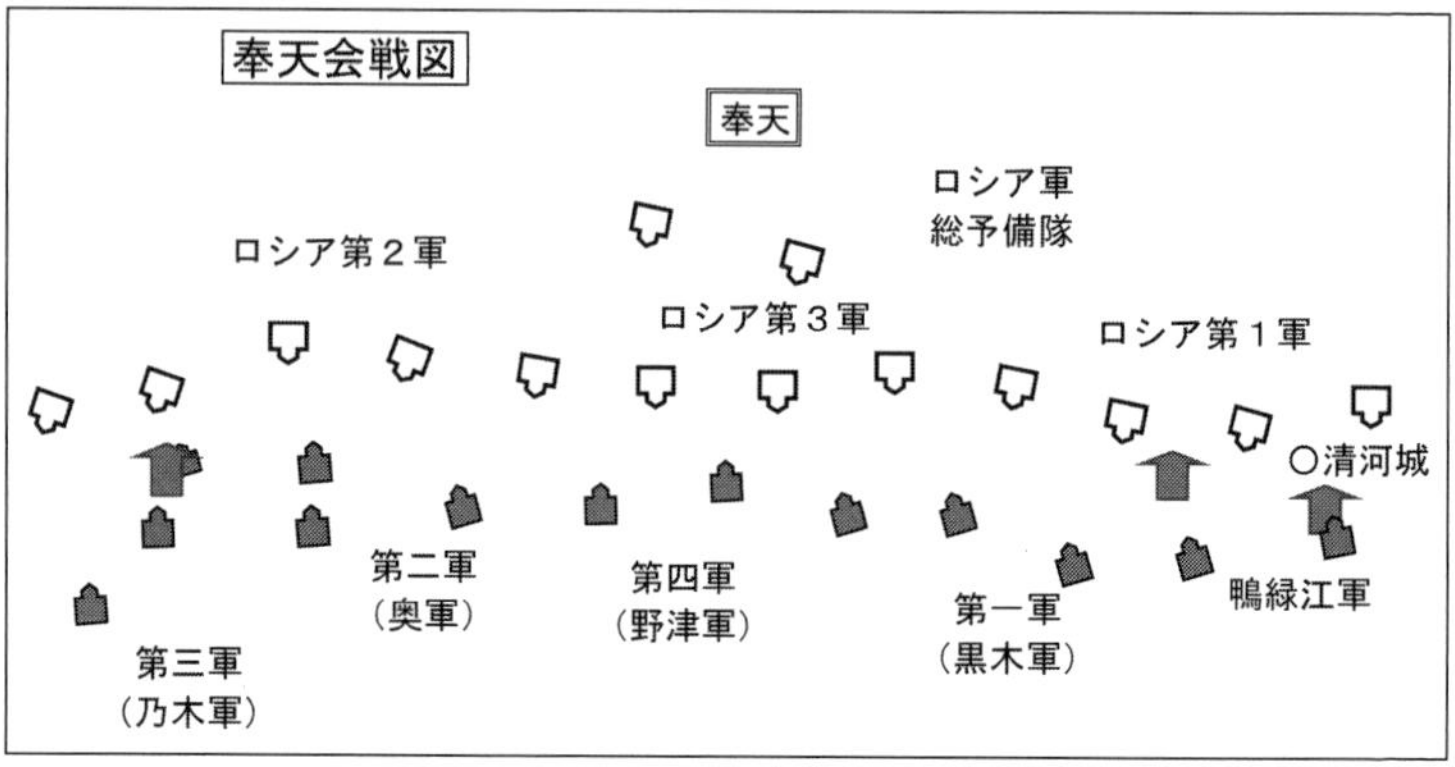

二月二十二日、雪斎達の連隊は、鴨緑江軍の進軍を援護するため一キロ前方の佟家坟高地を占領し、ここを拠点として敵を牽制すべしとの命を受けました。

二月二十四日、雪斎達の連隊は、目標の高地を占領すべく夜襲攻撃を開始しますが、敵の逆襲も激しく夜を徹しての戦闘となりました。

雪斎にとってこれが最初の本格的な戦闘でしたが、ロシア軍の強力な抵抗によって苦戦を強いられます。

この日の日誌は「この夜は、為に終《つい》に眠らず。夜襲の困難は尋常にあらず」と結ばれています。

二月二十七日、雪斎は、最前線の部隊に燃料を補給するため、十五人の中国人と共に運搬しますが、ロシアの砲撃が凄《すさ》まじく、恐れおののく中国人たちを、隙を見て即座に帰村させます。このあたりの判断にも雪斎の人間性を感じます。

そして、この日の日誌は次のように締めくくられています。

余、この日始めて砲弾雨下の下に立ち、万死の境に在りて頗《すこぶ》る禅定《ぜんじょう》〔心の動揺をなくす〕を練る〔修養する〕を得たり。

多少の強がりが感じられますが、雪斎の正直な心境が綴られています。

三月一日になって日本軍は、旅順攻略後ようやく満洲戦線に合流した乃木大将の第三軍を最左翼に布陣、ロシア軍右翼を攻撃させ、ロシア軍左翼を攻撃中の鴨緑江軍と共にロシア軍の両翼を圧迫し、手薄になった正面を一、二、四軍が攻撃する作戦に出ました。

雪斎の日誌も、いよいよ大詰めを迎えます。

三月一日、日本軍左翼、即ち第二軍第四軍は、猛烈に敵陣を攻撃し、敵陣に落下する二十八サンチ砲弾は、土煙《つちけむり》を上げること数丈、凄まじい勢いでした。

三月二日、日本軍は、蛇山子の砲兵陣地から萬寶山、柳匠屯、長嶺子、長灘等を猛烈に攻撃しました。

その結果、敵の右翼は、漸《ようや》く退却の兆しを見せ、日本軍は、その勢に乗じて追撃、長灘沙河捕堡、柳匠屯等を奪いました。

右翼では、鴨緑江軍の作戦が進捗し、雪斎の近衛右翼支隊は、唐家屯石山の夜襲大攻撃を企てます。

三月三日、ところが昨夜来の唐家屯石山の攻撃は、敵の頑強な抵抗に遇《あ》い、第三連隊が全滅の危機に瀕します。死傷者は千人に達するとの報告がありました。

このように日本軍は全戦線に渡って、頑強なロシア軍の抵抗に苦戦を強いられていました。

ところが、三月六日になるとクロパトキン大将は、日本軍の最左翼にある乃木大将の第三軍に向けて攻撃の中心を移動させました。

しかし、日本軍左翼の第三軍、第二軍は、苦戦を強いられ多くの死傷者を出しながらも前進を続けました。

三月八日、前方各方面に出した斥候から、ロシア軍に逐次撤退の兆しありとの報告が入り、翌日の全軍による追撃命令が発せられました。

この日、クロパトキン大将は、日本軍左翼に奉天の背後にまわられることを恐れ、再び撤退の命令を下したのでした。

クロパトキン大将は、旅順要塞を陥落させた乃木大将率いる第三軍の力を過大に評価し、この不可思議な撤退を行ったとも言われています。

しかし、ロシア軍の強力な圧力から解放された日本軍は、猛烈な追撃戦に入り戦果を拡大、奉天を占領しました。

ロシア軍は、当初、鉄嶺までの退却を意図していましたが、浮足立ったロシア兵は敗走を続け、哈爾浜《ハルビン》まで逃げ去る大崩壊となってしまいました。

日本軍は、鉄嶺を占領しますが、砲弾の不足によりこれ以上の追撃は不可能な状態でした。

三月二十日、雪斎のこの日の日誌は次のように綴られています。

当地（四十窪）を休養営地と定め、以て命令を待つべしとの司令部の命は下れり。嗚呼、去る二月二十四日始めて佟家坟高地を夜襲して全軍の攻撃を開始せしより、氷河を渡り、黒砂暴風に吹かれ、野に臥し、山を陟《のぼ》り、砲弾、弾丸の下に立ち、谿《たに》を塡《うず》めるばかりの死屍と十里に連なる捕虜の中に在り、或は隊を導き物資を徴発し、今に至るまで二十有五日、一日の安臥《あんが》を容れざりしが、今日始めて復《また》黒牛屯時代に還りぬ。

この日で雪斎の奉天会戦は終りました。

雪斎の日誌はこの間、まるで従軍記者のように、一日も漏らさず、多くの字数を費やし、正確に戦況を記録しています。

日露戦争を描くのがこの本の目的ではありませんので、要点だけを切り取り引用しましたが、全てを読むと戦争の実態を実感することができる貴重な体験となりました。

この日誌は「征露従軍日誌」と名付けられていますが、雪斎のジャーナリストとしての高い能力を示す内容となっています。

また、通訳官として、自分たちの土地で勝手に戦争をしている日露両軍に翻弄される満洲の人々に温かく接し、その協力を得て任務を遂行する雪斎の姿は、戦争終結後の彼の行動に結びついて行きます。

この戦争は、奉天会戦では決着がつかず、五月の日本海海戦で東郷平八郎大将率いる連合艦隊が、ロジェストヴェンスキー中将率いるバルチック艦隊を全滅させたことで、ようやく終息に向かいます。

明治三十八年（一九〇五年）六月六日、アメリカのセオドア・ルーズベルト大統領は、日露両国に対し講和勧告を行い、十二日、ロシア側が受諾しました。

八月、アメリカのポーツマスで講和交渉を行いますが、この交渉の間に日本は、樺太全島を占領しました。

九月五日、両国はポーツマス条約を締結し講和が成立しました。

このポーツマス条約で、ロシアは朝鮮での日本の主権を認め、保護国化することを認めました。

そして、ロシアは遼東半島の租借権を日本に移譲し、日本軍が実質的に支配していた旅順から長春までの鉄道を譲渡し、樺太の北緯五〇度線以南を日本に割譲しました。

明治三十七年（一九〇四年）十二月三十一日に雪斎が日誌に記した「戦勝後に日本国民が『動物化』する」という危惧が、いよいよ現実のものとなってしまいます。

日本国民は、満洲を国民の血で勝ち取った特殊地域として認識し、南満洲の利権を当然のようにロシアから奪い取り、朝鮮も含めて大陸の地を植民地視するようになります。

明治四十三年（一九一〇年）十月、日本は遂に朝鮮を併合しました。

更に日本は、大正三年（一九一四年）の第一次世界大戦で青島のドイツ軍を攻撃、膠州湾の租借地を占領し、翌大正四年「二十一カ条要求」を袁世凱の中華民国に突きつけ、ドイツが持っていた膠州湾など山東省の利権を獲得しました。

猛獣化した日本は、国民の圧倒的な支持のもと、その牙をむき出しにして、欧米列強と大陸の植民地化を競い始めました。

四十一歳になった雪斎は、この猛獣化した日本と日本人の脅威から、中国・朝鮮の民衆を守るための戦いに、残り人生の全てをかけていくこととなります。

第四章　大陸主義

満洲利源調査

明治三十八年（一九〇五年）九月五日、ポーツマス条約が締結され南満洲の利権を手にした日本は、同年十月、満洲の市場調査（満洲利源調査）を実施しました。

雪斎（四十一歳）は、この調査に通訳官として参加し、主に満洲の商工業・金融及び行政等の実態調査を行いました。

この時の日記が「去戎軒《じゅうけん》之記」として、『雪斎遺稿』に掲載されています。「戎軒」とは軍隊のことです。

この後、雪斎は大連に本拠をおいて、満洲での活発な活動を展開していきますが、その基礎となる貴重な体験でしたので、日記を一部振り返ってみます。

この日記によれば雪斎は、明治三十八年（一九〇五年）十月六日に関東州民政局が満洲の利源調査を行うため、通訳官の派遣を師団司令部に依頼してきた事を知り即座に志願しました。

雪斎は、十月十七日八時に遼陽に到着すると、早速この日から山脇書記官、山口技師、荘司技師等と共に調査を開始します。

まず最初に遼陽の紳商と呼ばれる有力商人十人を招き、彼等から商いの実態を聞き取るところから開始しました。

聞き取りに先立ち山脇書記官の挨拶の言葉を、雪斎が通訳して次のように語りました。


今回、我帝国政府は僕等を派遣して、満洲産業上の実地調査を実施することとなった。思うに、従来、清国人と日本人との取引きは双方に事情の食い違いが有って、諸君の信用を欠く点も多いのではないかと推察する。

これは、将来我が同文国人同志の商業発展上、遺憾である。依て以後は、勉めて双方十分事情を調査し、日清互いに意思疎通、信用を以て貿易に従事し、互に一身の為め將《はたま》た社会の為、利するところあらんことを希望する。

今日諸君を招いたのは、いささかこの意を告げ、且つ、清国商人の事情に関し、腹蔵なく教示いただきたい為なり。


この挨拶の後、「日本人と取引を為すに当り不都合と感ぜし点、並に品物に関し清国にとり必需品となれる物件等」及び「当地商人の仕入先に対する支払方法、及小売に対する勘定期等」について質疑応答を行いました。

午後には、山脇書記官等と共に城内の市場に行き、雑貨数十点を購入し、その産地、単価、卸価、小売価、仕入地等を目録に作らせ、明日送付するよう約束し、その後、油房に行き豆油の搾取を見ました。

十月十九日は、午後から全員で東街の口袋店に行き織布を視察しています。

ここには布を織る機械が四台あり、一人一日当たりの織高《おりだか》は一丈二、三尺、工銭三十銭、一丈（即ち袋一個分）の代価は一円とのことで、絲《いと》は営口から買入れているとのことでした。

次に士道街の紙店「魁興利」を視察していますが、当日は曇天のため製造量は少なかったようです。

紙は毛頭紙と称するもので、百九十枚を一帖とし、二十帖を一匹とします。価格は十六円五十銭、工夫の賃金は上工四十銭、下工二十銭で、十人の工夫を雇っていました。

以上のように雪斎たちは、商工業の実態を詳細に調査していますが、これを南満洲の各都市にわたって実施していきます。

どの都市に行っても工業は小規模で、産業革命によって機械化された先進国の製品には質量ともにかなわないことは明白です。

雪斎は、満洲の暗い未来を感じ取り、近代化の必要性を痛感しました。

十一月十六日、雪斎は鉄嶺県の知県（県の長官）趙臣翼に面会し、ロシアとの契約関係、並びに鉱山開発、農業開発、森林開発等、今後、日本がロシアに代わって南満洲を開発するに当たって、極めて重要な情報を聞き出しています。

雪斎は、ロシアが清国から鉄道線路の両側と駅敷地の土地を買収し、その他各都市の城内で使用する家屋・敷地は、賃貸であることを確認しました。また、その売買価格及び賃貸料は、相場より高めに設定されていて、土木建築等も清国産の材料を使い、清国人に請け負わせている等、清国に配慮した政策をとっていたと聞かされました。

また、鉱山開発については、清国政府の許可が取りにくく、清国人の手では一向に進まない実態から、大資本による科学的な技術に基づく、大規模な開発の必要性を訴えられました。

そして、農作物については、高粱中心の政策であり、米作の可能性は極めて低く、植林事業のような長期計画に基づく事業は受け入れられないだろうという見解を得ました。

雪斎は、日本が租借した南満洲の地は、大連・旅順という良港を中心とした貿易と漁場としての価値を認めつつも、その大地の開発には、まだまだ相当のエネルギーが必要であることを実感しました。

この調査は、翌明治三十九年（一九〇六年）一月まで満洲の各都市を廻り、多くの紳商と呼ばれる有力商人や県の長官等から商工業、政治経済の実態を聞き取っています。

この調査で得た知識は、雪斎のこの後の活動に大変役立つと共に、調査に協力してくれた多くの人々との人脈は、雪斎にとって大きな財産となりました。

そして、満蒙の近代化は中国にとって、欧米列強の脅威を排除する上で最も重要なテーマであるとの認識を強めました。

同時に満蒙の開発を担当する日本が、欧米列強のような搾取本位の植民地主義によってこの大地から富を奪い取れば、満蒙の近代化は達成されず、民衆の苦しみは果てしなく続くであろうことを実感しました。

中国の国民性

雪斎は、台湾の役人時代、日露戦争の通訳官、満洲利源調査等を通じて中国の民衆と接するなかで、その国民性について理解を深めました。

雪斎は、大正九年（一九二〇年）二月に長野市で「支那国民性」と題して講演を行い、中国の国民性について次のように持論を述べています。

支那の国民性は日本人とは全く異なっていることを知らなければならない。世界人類の中で支那人ほど物質主義で一生を終るという民族は無いと思う。それは長い間の歴史に於て、個人競争の結果、物質主義、個人主義になって全体を支配してしまったからである。

そして雪斎はこのように述べて、集団の調和を大切にする日本人は、中国人のことを利己的で物欲の強い国民だと思っているようだが、それは、彼らが厳しい個人競争の社会にあって、歴史的にやむを得ない結果なのだ。

これは、どちらが良くて、どちらが悪いということではなく、両国の国民性の違いなのだということを理解してほしいと訴えているのです。

次に雪斎は、

支那には孔子、孟子等という聖人が出ていて、今日迄その教えを守っている国だと考えている人がいるが、それは大間違いである。支那は道徳を交際に利用しているのだ。

彼等は、巨大な国家をまとめるために宗教や道徳を利用しているだけで、人々は儒教の教えを信じている訳ではないということを、日本人は理解すべきだ。

と言っています。

そして、雪斎は、

然らば支那の国民はそういう具合であるから、非常に悪いことをするかというと、これまた悪いことをしては損だということを知っている。つまり損得から割り出している。

しかし乍らここに最も大切なことがある。一体人間には誠意があって欲しいことだ。如何なる国民でも誠意ある者に敵はない。支那人に対しても誠意がないからなかなか心が通じない。日支の問題で方法ありとすればこの誠意によって解決するより外に道は無いのだ。

と訴えかけます。

雪斎は、中国の国民性について日本人は誤解している面が多々あるが、彼等は情義で動くのではなく、現実的な損得勘定によって行動しているということを理解しなければならない。欧米のような搾取のみを目的とする植民地主義では、反発を招くだけで何事もうまくいかない。

従って、日本人は彼等に対して誠意をもって向き合い、彼等にも利益となるような互恵関係を構築する必要があるのだと述べているのです。

更に雪斎は、

又支那人の頭脳の力も認めなければならん。吾々公平に考えて彼等の方が日本人より遥かに頭脳が優れていると思う。

支那人が排日の思想を起す原因はいくらもあるが、最も大きい原因は支那に向って貴様等も少しは俺に真似して西洋風になれ位に考えている。日本人は支那人と西洋人との間に隔てをつくる。
ところが支那人は西洋の物質文明その他を却《かえ》って真似ない、利用するだけだ。日本人は彼等を頑迷固陋だと罵《ののし》るけれども、彼等の考えとしては支那四千年の歴史を知らないか？支那の文明を知らないのか、という気概である。

と言います。

雪斎は、中国人は日本人より遥かに頭脳が優れており、四千年の歴史・文明に誇りを持っているのだから、西洋文明の方が中国文明より優れているなどと隔てをつけることをしてはいけない。西洋人を尊ぶなら同時に中国人を尊ばなければならないと述べています。

日本は、日露戦争の勝利によって国際社会における地位が向上し、徳川幕府が交わした不平等条約を完全撤廃し、欧米列強と対等な立場に立つことが出来るようになりました。

その結果、日本人は近代化が遅れ列強国の侵略に抵抗できない、中国や朝鮮の国民を蔑視するようになりました。

雪斎は、この講演で日本の青年に対し、積極的に大陸に進出して中国の人々と競い合うことにより、その国民性を公正に判断し、いわれのない差別意識を捨て、誠意ある対応をとってほしいと訴えています。

泰東日報

雪斎は、利源調査を終えた後、一旦東京に帰りますが、再び大連に戻ることになります。

この間の経緯は、渡辺龍策《りゅうさく》が自著『大陸浪人』の中で詳しく述べていますが、この当時雪斎には二つの就職口がかかっていました。一つは、末永鉄厳（純一郎）が大連で発行している『遼東新報』の漢字版を発刊するので、その漢字版の主筆で招きたいというものでした。

そして、もう一つは、京都帝大の助教授としての就職でした。

雪斎は、幼少のころから勉学に彼なりの情熱を傾けてきましたから、これを大成するために学者として終生これに精魂を傾けるべきか随分と迷ったようです。

渡辺龍策は、雪斎のこの時の決断を次のように分析しています。

彼の大陸への開眼と、日清・日露両戦役における満洲での大陸体験は、学問の象牙の塔に身を閉じこめるには、あまりにもかけはなれたもののようであった。（中略）彼が身をもって体得したものを、大陸に進出してくる若い人びとにたたき込もう。これが自分に与えられた天命であると自覚した。

雪斎にとって「知行合一」は絶対です。満洲における民衆の苦境を知った雪斎が、大連の地に踏みとどまり彼等を日本の植民地主義から守るという決断は当然の帰結でした。

雪斎は、こうして京都帝大助教授の口を断り、末永鉄厳の『遼東新報』に入社します。

『遼東新報』は、明治三十八年（一九〇五年）十月創刊の大連で最初に創られた日本語新聞です。

末永鉄厳は、慶応三年（一八六七年）福岡県生れのジャーナリストです。

明治十六年（一八八三年）に上京し杉浦重剛《じゅうごう》の塾に学んだのち、東京帝大法科に入学、明治二十二年（一八八九年）に陸羯南《くがかつなん》の新聞社『日本』に入社しました。

日清戦争では従軍記者として活躍し、明治三十三年（一九〇〇年）には東邦協会の幹事として孫文・黄興らと交わり、その活動を支援しました。

性格は無欲恬淡《むよくてんたん》〔さっぱりとしていて欲がなく、物事にこだわらない〕で金銭に頗《すこぶ》る無頓着であったということですので、雪斎と意気投合するのは当然の結果と言えるでしょう。

雪斎は、この末永鉄厳の『遼東新報』が漢文版を創刊するに当たり主筆を任されました。

これが満洲言論界の重鎮となる金子雪斎の第一歩となりました。

しかし、雪斎はあくまでも自論を自由に展開できる媒体として、自分の新聞社を持つことにこだわりました。

明治四十一年（一九〇八年）十一月三日、雪斎（四十四歳）は地元中国人の支援を受けて、大連に漢字新聞『泰東日報』を創刊します。

創刊当初は、経営に非常な苦労をしたようで、『新天地（金子雪斎翁之追憶）』の中で、濱岡福松が関東都督府の嘱託として鉄嶺に居た頃、雪斎から送られた書簡を引用し、当時の様子を語っています。

書簡の内容は、概ね次のようなものでした。

兼て計画の漢字新聞『泰東日報』が、いよいよ来る十一月三日創刊号発刊の事となりました。

ついては、鉄嶺方面に於ける記事の執筆をお願いします。若し中国人の中に希望者がありましたら、その選考をお願いします。

さしあたり第一号掲載の分として、至急貴兄若くは中国人にて数件の記事をいただきたいので、頑張って十五日までに一件送ってください。

また、鉄嶺方面に於ける販売は、宏済彩票局の代理店、もしくは遼東新報鉄嶺支局、あるいはその他適当の中国人店にて行いますので、販売状況についても注意していていただくと共に、宣伝の方もよろしくお願いします。鉄嶺方面では数百部は売りさばきたいと思っています。

尚、今回初号については、鉄嶺の日清商店に広告をお願いするため、浅野という者を差し向けましたが、心もとないので誰か紹介してやってください。

そして、最後に雪斎は次のようにこの書簡を結んでいます。

右数ヶ條の無心は貴兄に於て屁の如く易き事なれば、是非相願置候、爾後の事は追々申上可く、尚、御配慮の上はその情形《じょうけい》〔状況〕御一報を煩わし度候匆々《そうそう》。
時下御自重専一、餘り栗や柿を貪食して下痢などせまいぞ。
十二日　　　　　　　　　　　　　　　　　　　雪斎

雪斎は、『泰東日報』創刊に際し、関東都督府の役人である濱岡氏に鉄嶺方面での記事の執筆、中国人記者の募集、更には新聞の販売から広告募集の応援まで依頼し、その進捗状況報告を求めています。

なかなかの押しの強さですが、『泰東日報』という活動基盤を得て張り切っている雪斎の様子が伝わる書簡です。

『新天地（金子雪斎翁之追憶）』では永井淑が、『泰東日報』創刊当時の雪斎の仕事ぶりを次のように紹介しています。

今の鳥羽洋行の二階に居た頃などは、破れ布団のなかにくるまって、寒天に火の気もない部屋で、原稿を書く、校正をやる、傍ら酒をがぶがぶ飲んだもので、あの頃は、酒がなければ、殆んど金子の生命がなかったのであった。（中略）酒の元気で、校正を済ませて新聞が出来上ってから、始めて床に就くので、鶏の鳴き出す頃が金子の睡眠時刻で、それが一年や二年でない随分永年続いて居たのであった。

そして、永井氏によれば、創刊当初は『泰東日報』も経営が非常に厳しかったにも関わらず、雪斎は、支援者達が広告をとって来ても、つまらないもの、信用のない商品などは断ってしまうので、営業を手伝う連中が、非常に苦心していたとの事です。

『泰東日報』は、このように苦難の船出ではありましたが、雪斎の努力と多くの支援者のお陰で、なんとか経営は軌道に乗り始めました。

傅立魚

小川運平は、雑誌『大日』（昭和六年八月号）に「大陸新日本建国論者金子雪斎翁」と題した論説で、『泰東日報』について、次のように述べています。

雪斎は、その理想を実現するため、全社の全業務について実権を握り、独りで全紙面の編集を行い、社説は十余年、殆んど自ら起草し、晩年に主筆を中国人に委ねたものの、その思想を貫いた。

そして、印刷職工、事務員に到るまで全てを中国人のみで運営し、之を統御し、統一して一糸乱れず、整然たる陣容は驚くべきものであった。

そして、雪斎が語った、

『泰東日報』は、その質に於て、その精神に於て、その文筆に於て、その中国人に報道する事件の核心をついている点に於て、中国人を啓蒙するには、漢字新聞として第一の権威者である。

私は日本人だからといって日本におもねることは無く、中国人を侮辱することも無い。ただ、東洋平和の為め、否世界平和の為め、中国国民を啓蒙するのだという大抱負は、ひと時も忘れなかった。

という言葉を紹介して、雪斎が『泰東日報』を中国人のみで組織し発行することによって、日中どちらかの立場に立つことなく、公平な報道・論説を以て中国発展の道を説こうとしていたことを伝えています。

そして、小川運平の著述にもある通り、雪斎は大正二年（一九一三年）に、傅立魚（三十一歳）という中国人青年を編集長として迎えます。

傅立魚と雪斎の関係については、橋本雄一の「『五四』前後の大連における傅立魚の思想と言語」という論文を借りて説明します。

まず、傅立魚という人物は、十七歳で科挙「秀才」の資格を取り、安徽大学堂で学びました。明治三十三年（一九〇〇年）ごろから清の官費留学生として日本の明治大学で法律と政治を学んでいます。

その東京では、孫文の革命同盟会に加入するなど、日本に亡命してきた多くの革命家や進歩的知識人と交流し、中華民国成立後には、南京で外交部参事に任命されています。

その後、天津で自ら創刊した新聞『新春秋報』上で、袁世凱による帝政運動を批判したため、自国政府から追われることとなり大連に亡命してきました。

雪斎は、この傅立魚を見初め、互いに尊敬しあい『泰東日報』の編集長就任を依頼します。

しかし、傅立魚は「日本租借地のこの新聞社は日本人が主宰するため、中国人としての自由な立論が困難だろうという懸念」があって、雪斎に次の三点を約束させたとこの論文にあります。

一、『泰東日報』は中国語新聞であり、読者は中国人である。よって中国人の立場から立論する。
二、中日の両国あるいは民間が衝突した場合は、是非を曲げることなく、真理正義に服して双方を平等に扱う。
三、袁世凱を討つチャンスが来たら、すぐに編集長の任から離れ自由の身となる。

雪斎としてもこの約束に否やはなく、『泰東日報』に新たな言論活動の場を見出した傅立魚は、植民地を運営する日本側への対抗言説や中華民国についての分析論、国際情勢論などの社説を展開しました。

雪斎は、傅立魚の才能を高く評価し、『泰東日報』の編集を全面的に任せました。雪斎の「敬天愛人」には国籍はありません。日本人、朝鮮人、中国人すべての民衆を自分に対するように愛し、民衆の立場に立って、正義に基づく公正な報道を行ったのです。

一方、雪斎の負担は大幅に軽減され、思想家としての活動の幅を広げていくことが出来るようになりました。

大陸青年団

雪斎の後継者である阿部真言は、『雪斎遺稿』「雪斎先生の略歴」のなかで大陸青年団について「泰東日報の経営困窮時代に、先生は満蒙の将来を想望し、在留青年の向上と団結を思慮されて、大陸青年団の形態を堅め青年の訓育に多忙の時間を割いて努められた」と記しています。

この頃の大連には、大陸で一旗揚げようとの思いでやってくる、いわゆる大陸浪人と呼ばれる青年が数多く集まってきました。

彼等の中には、雪斎の名声を頼み『泰東日報』の社屋に書生として住み込む者もあらわれ、その数は数十名となりました。

また、満鉄に勤める職員の中にも雪斎を慕い、その教えを受けに新聞社にやって来る青年が数多くいました。

雪斎は、これらの青年を全てこころよく受け入れ、語り合い面倒を見ていました。

私の祖父西村濤蔭もこれらの青年の一人でした。

濤蔭は、早稲田大学在学中の明治四十年（一九〇七年）、処女作『糸桜』をもって夏目漱石の門をたたき、その弟子となりました。

明治四十二年（一九〇九年）、漱石は東大以来の親友で当時満鉄の総裁をしていた中村是公に満洲日日新聞文芸欄のプロデュースを依頼されます。

漱石は、自身に代わって濤蔭を満洲日日新聞に送り込みました。

ここで濤蔭は雪斎と出合い、以後の人生を大きく変えることとなります。この時、濤蔭二十六歳、雪斎は四十五歳で『泰東日報』が軌道に乗り、思想家としての存在感を大きくし始めた時期でした。

濤蔭は、『新天地（金子雪斎翁之追憶）』に「雪斎先生の死」と題した追悼文を寄せ、次のように当時の雪斎の様子を語っています。


　先生が謹厳そのもののような生活を保持されて、無妻と粗食粗衣、楼上に炬燵《こたつ》を擁して、烏鷺《うろ》の間に訪い来る名士不名士を、何等異なるなき態度で遇せられた。


雪斎は、濤蔭たち青年が教えを請いにやって来ると、誰に対しても、新聞社内の一角に据えて仕事机としている炬燵《こたつ》に対座し、それぞれの青年の特性に合わせた指導を熱意を以て行いました。

濤蔭は、文筆で生きる道を歩んでいましたので、同じ文筆で生きる雪斎には、思想・文章の両面について大きな影響を受けることとなりました。

濤蔭は、大正三年（一九一四年）十二月に大連の文英堂書店から『何物かを語らん』という本を出版しています。

彼は、この本の巻頭に「読者に」と記して、「自分が本書を書いた目的は、満洲の天地から収穫した、詰まらないながらも、自分の思想上の声を集めてみようという事である」として、三十九にも及ぶ項目について持論を展開しています。

この本の「戦乱の教訓」という項で濤蔭は、次のように述べています。


他の国家の利益を犠牲にして、只自己の国家の利益をのみ計ろうとする事は、これ物質のみに拘泥《こうでい》するの、国家至上主義である。今日の戦争が果してそういう事実の基に行われていないだろうか、これは明らかに今日見得る所の、戦争の教訓である。


この『何物かを語らん』が出版された大正三年の七月には、第一次世界大戦が勃発し、十一月には日本もドイツの租借地、青島と膠州湾を攻略しますが、これは戦争勃発前の緊張感の中で濤蔭が記した反戦の主張です。

この主張には、雪斎の「日本の植民地主義から中国・朝鮮の民衆を守る」という考えの影響が色濃くあらわれています。

そして濤蔭は、文章まで雪斎の書きぶりに似てきています。

雪斎が中野正剛に、「お主は究竟才を愛するのだろうが、俺は人を愛するのだ。凡庸ならば凡庸なる天分を遂げさせたいのだ、俺のところで育った奴は凡庸でもそれ相当の用を為すだろう」と敬天愛人の本質を諭したのも、この炬燵での対座でした。

中野は、『魂を吐く』の「秋寂し」と題した項で次のように語っています。

大正三年の冬、雪斎先生の事が忘れられず、大連の振東社に改めて先生を訪問した。炬燵を前に置きながら、先年の事など且つ談じ且つ笑い、話題は支那の大勢より東亜の前途、人類の将来というところまで発展し、夜を徹して尚お興の尽くるを知らなかった。

この時、中野は東京朝日新聞の京城特派員でしたが、雪斎の温かい人柄と私利私欲のない魂のこもった話しが忘れられず、振東学社を訪ねています。

中野は、振東学社を訪問すると必ず一週間は学社の客となり、「当年の書生っぽの気持ちで、塾生諸君と共に雪斎先生の教を受けることを無上の楽しみとしていた」と語っています。

このように雪斎は、彼を師と慕う多くの青年一人一人の個性を尊重し、それぞれの資質に即した指導を行うことで、青年たちに生きる道筋を与えていました。

大正二年（一九一三年）に雪斎は、満蒙の将来を背負う人材の育成こそ最重要課題と考え、これらの青年達を「大陸青年団」の名のもとに組織化しました。

そして、雪斎は大陸青年団設立と同時に、機関雑誌『大陸』を発刊し、「大陸主義」を強烈に主張し始めます。

『大陸』（大正二年六月創刊号）では、「島国の現状を愧《は》づ」と題して、次のように論じています。

今日に当りて大陸を忘る、政府及国民は邦国の殄瘁《てんすい》〔衰退〕、民類の淪胥《りんしょ》〔滅び〕を顧みざるもの也。

蓋《けだ》し〔思うに〕我帝国の活ける新献としては大陸経営の実行より急《きゅう》且大《だい》なるは無く、その外の一切問題は殊《こと》にその小焉《しょうえん》〔小さい状態〕なるものなれば也。

また、『大陸』（大正二年九月号）の「大陸主義決定の日は一切問題解決の日」で雪斎は、

今日の殖産興業と通商貿易は鎖国時代と違い、全て対外との関係にあり、その進捗は国力の差となってあらわれる。

そして、中国大陸は我が日本国にとって唯一の大市場である。

たとえ欧米との貿易が絶たれても、中国大陸との関係がある限り、わが国は発展することができるのだ。

たとえ全地球で貿易を行なえたとしても、若し日本が中国大陸から完全に駆逐さるような日が来たら、それは日本が窒息する日、瀕死の時なのだ。

と述べています。

この時期、日本人にとって満蒙の地は、樺太と同等なイメージがあって、政府も投資家も企業も開発に積極的ではありませんでした。

しかし、雪斎は中国大陸の殖産興業とそれに伴う通商貿易が、資源の少ない日本の生命線であるという強い信念のもと、中国との共存共栄政策こそが、欧米列強の植民地主義に対抗できる唯一の道であるとする「大陸主義」を主張し続けました。

同時に雪斎は「王道宣施」という言葉を使って、西洋列強の帝国主義とは異なる人道的な王道による大陸開発を主張します。

『大陸』（大正二年十一月号）の「泰東の大陸は王道宣施の處」では、

我が日本帝国の王道は明治維新によって輝きを発し、琉球、台湾、朝鮮、樺太の領有と遼東半島の統治にそれを証明している。

一方、我々はいわゆる欧米列強の帝国主義を永年観てきたが、未だかつて彼らが王道をしめすのを見たことがない。

欧米の帝国主義は、自国の利益のみを重視する政治家の野心に基づくものである。

今の帝国主義が人道を軽視する理由は、実にここにあるのだ。

しかしながら王道主義のみは、民衆のためだけを思う王者の人道的な公の行動である。

この一大天職を引き受けられるのは、我日本をおいて他のどこにあるだろか。

これが、私が今世のいわゆる帝国主義を排し、同時に我等が王道宣施の急務を絶叫する理由である。


と述べています。

「王道宣施」の「宣施」とは、中国語で「宣言する」という意味です。

雪斎は、欧米列強の自国利益のみを重視する帝国主義に対抗するものとして、王道主義を主張し、これを内外に日本は宣言するという意味で「王道宣施」という言葉を使いました。

王道主義は、人として守るべき道を重視し、全ての民衆を幸福にするための行動であると述べています。

そして、この王道主義を行えるのは、アジアでいち早く近代化を遂げ、「王道」が実行できる日本をおいて他に無いと論じています。

雪斎は、満洲利源調査を通じ、満蒙の近代化についての困難を実感しました。そして、その実現のためには欧米列強のような自国の利益優先の植民地主義ではなく、日本による人道的な支援が必要であるということを痛感しました。

この考えを中国四千年の歴史にプライドを持つ中国の人々にも理解してもらえるよう、東洋思想の「王道」と中国語の「宣施」を使って「王道宣施」と唱えました。

そして、この宣言は、満蒙の地を植民地視する日本人に対する、雪斎の強い警告のメッセージでもあるのです。

また、大正六年（一九一七年）四月の『大陸の青年』で雪斎は、

日本の国民精神は日本の国魂から生まれ、この国魂が、あらゆる善事を生み出している。日本人の長所を取り入れ短所を補うという精神、即ち文明融合の能力は、この国魂に基づいていて、いち早く近代化を成し遂げた。日本は、この精神を中国大陸に扶植し、アジアの近代化を成し遂げる先頭に立たなくてはいけない。これが、私が「精神的新日本を大陸に建設」しようと言う理由なのだ。

と述べています。

ここで言う「国魂」とは、「和魂《わこん》」＝「大和魂」のことを言っています。「大和魂」と言うと戦前の特攻精神を思い浮かべ、あまり良い印象がありませんが、本来は「日本人の実生活上の

知恵・才能」という意味です。「和魂漢才」という言葉がありますが、これは「漢才」とは中国の学問・知識のことを言い、「いくら学問を学んで知識が豊富でも、知恵がなければ折角の知識を活かすことができない」ということをあらわした言葉です。

日本人は、かつて中国から漢字を学び文字を得ましたが、ひらがな・カタカナを発明し、話し言葉をそのまま書き記す知恵を持っていました。まさにこの知恵が「和魂」＝「大和魂」です。

雪斎の時代には、「和魂漢才」をもじって「和魂洋才」と言っていましたが、中国の学問・知識が西洋の学問・知識に変わっただけで意味は同じです。

雪斎の「大陸主義」は単に資本投資だけをいうのではありません。

雪斎は、西洋文明の優れた所を取り入れ、東洋文明の弱点を補い、文明融合に積極的に取り組むという日本人の精神を、広く大陸に扶植し、大陸の近代化を進めようとしているのです。

振東学社

雪斎は、大正五年（一九一六年）に大陸青年団事業の一環として泰東日報社の階上に私塾「振東学社」を設立します。

雑誌『大日』（昭和六年八月号）の「大陸新日本建国論者金子雪斎翁」と題した小川運平の

記事によれば、振東学社は、大陸青年団事業の一環として、青年学生の修養を目的に団付属の教育機関として設立されました。

学社には道場、図書室があり、自由に学習することができます。

学生は、各自の希望する学校に入学し登校しますが、学社内では、年齢によって班を分け、自炊当番、掃除当番、受付・図書室・新聞室等の当番勤務の制度を定めていて、一種の寄宿学寮のような場所になっています。

雪斎は、彼等に毎朝一時間の講義を行いました。

前述の大陸青年団は、満鉄職員など職業を持つ現役の青年団員で構成されていますが、振東学社は学生のための私塾です。

塾生は寮での共同生活を送る中で、雪斎の講義を受け人格を形成していきます。

当時の振東学社の様子を松本喜一は、『新天地（金子雪斎翁之追憶）』の中で、「振東学社に於ける塾生達は、起居整然として一糸乱れず、日々当番制によって学社内外の掃除から炊事に至るまで、悉く分担して怠る者のない状態を見て、実に先生が平素から青年を訓練なさる大精神が、彼らの日々のその作業の上に潑剌《はつらつ》と表われて居り、感嘆措くことが出来ないのであった」と紹介しています。

また、大正七年（一九一八年）から十一年（一九二二年）に大連商業学校を卒業するまで振東学社に在籍していた富島哲一が、『雪斎先生遺芳録』に、当時の様子を次のように語っています。

当時は学生であったから、先生に接する機会は朝夕の点呼と、食事の時、朝の精神講和、毎土曜会に各自の意見を発表し、論じ合い最後に先生の講評を受ける時のみであった。

（中略）

当時の先生を回想すると

一、自由闊達であり、公明正大であった。

一、威あり温情籠《こも》れる先生で、その御容姿の特に鼻の大きく、目の澄みたる、そして一度笑われると子供の様な天真爛漫になられた。

一、又この反対に怒られたが最後、鍾馗《しょうき》の前に立った様な恐ろしさを覚えた。

そして、富島氏は、大正十年（一九二一年）頃の記憶として、関東庁の役人が三十里堡の農民を苦しめたため、百姓達が大挙莚旗《むしろばた》を立てて大連迄来て雪斎に陳情した時のことを語っています。

雪斎は、百姓達の話を聴き真相を糺《ただ》して、関東庁に厳しく談判の上、その悪官吏を処分してしまいました。

農民の喜びは大変なもので、頭を玄関の敷石に何遍も打ちつけて、感謝の意を表していました。これを見た富島氏は、年少ながらとても感激したとのことです。

塾生から見た雪斎の姿が伝わってきますが、石川鐵雄（当時の満鉄調査課長）は『新天地（金子雪斎翁之追憶）』の中で、雪斎の青年団や塾生に対する指導内容の一端を次のように語っています。


最初に逢った時始めて翁の意見を聞いたが、支那及び支那人に対する翁の意見は、従来聞かされた、所謂《いわゆる》日本の志士と異なって居り、支那人のための支那ということで、徒《いたず》らに武力主義干渉主義というようなことをやめて、支那人の立場から支那を見てやらねばならないと云うようなことで、私は、寧《むし》ろ奇異の感を抱いた程に翁の説に共鳴した。


まさにこの「支那人の立場から支那を見てやらねばならない」という雪斎の考えが、彼の「敬天愛人」思想に基づく、「王道宣施」です。

雪斎は、欧米列強の植民地主義からアジアを守る唯一の道は、大国中国の近代化による経済発展以外にないと確信しています。

そのために日本人は中国人のことを正しく理解し、彼等の立場に立って、見返りを求めない人道的な支援を行うことで、中国の近代化に貢献する必要があると雪斎は考えています。

日本は、こうして近代化した中国との良好な関係から、共存共栄の経済圏を築き上げ、欧米列強の植民地主義に対抗しようとしているのです。

このために雪斎は、漢字新聞『泰東日報』を使い中国の人々に対し、近代化の必要性を説き続けました。

そして、『大陸青年団』『振東学社』によって、大陸の近代化に貢献できる人材の育成に非常な熱意をもって取組みました。

この『振東学社』は、東京の中野にも支社を設けて開講し、北京にも土地を確保し同様の計画が進められていました。

第五章　南満洲鉄道株式会社

満鉄の使命

明治三十八年（一九〇五年）九月、日露戦争の講和条約（ポーツマス条約）で、日本はロシアから東清鉄道の長春から南の鉄道とそれに付属する利権を譲渡されました。

このロシアから譲渡された鉄道施設とその付属地経営、及び撫順《ぶじゅん》炭鉱等の付属事業経営を目的として満鉄（南満洲鉄道株式会社）は、明治三十九年（一九〇六年）十一月に設立されました。

資本金は二億円で、当時の日本企業としては最大でした。二億円のうち一億円は日本政府の現物出資で、残りは日清両国人の出資によることとしていました。しかし、実際は清国人を排除して行われた株式募集であったため、思うように資金が集らず、結局、ロンドンで満鉄社債を募集し、何とか設立に漕ぎ着けることとなりました。

当時の日本の国力では、満鉄経営は難しいと考える政府関係者も多く、日露講和交渉さなかの明治三十八年（一九〇五年）八月に日本にやって来た、アメリカの鉄道王ハリマンから提案された満鉄共同経営案は、同年十二月、桂太郎首相との間で予備覚書を取り交わすところまでいきました。共同経営とは言いながら、実際には強大な資金力を持つハリマンに経営を委ねることになるのは明らかでした。

ポーツマス条約締結を終えて帰国した小村寿太郎は、この予備覚書取り交わしの事実を知って驚愕、断固反対し早速各政府首脳を説得のうえ、この覚書を破棄しました。

満鉄は、このような経緯で設立されましたが、株式会社とはいえ単なる一般企業とは異なり、鉄路を中心とした幅六十二メートルの付属地と、駅ごとに設けられた一定面積の付属地についての行政権を持った植民地国家と言える存在でした。

付属地での都市経営では、インフラの整備、病院、学校建設などの行政機関としての役割も持っていました。

また、この満鉄付属地警備のために日本は、満鉄沿線一キロあたり十五人、総計約一万五千人の守備兵をおくことが出来ました。

この守備隊がやがて関東軍へと変貌して行くことになります。

雪斎は、雑誌『新天地』に、大正十一年（一九二二年）十一月から十三年（一九二四年）八月にかけて「満鉄の使命と歴代の幹部」と題した論説を連載しています。

この論説で、雪斎の考える満鉄の使命とは何かを語り、満鉄の幹部および職員への啓蒙を行うと共に、歴代幹部の人物・能力・業績を評価することによって、満鉄経営への影響力を発揮しています。

この論説で雪斎は、「満鉄の使命」について、

満鉄には、一般交通運輸即ち営利事業としての役割り以外にも、外交、開拓、教育、衛生、経済、社会等の百般に渉り、満蒙の文化を育成して人類の幸福と発展に貢献しなければならないという重大な使命がある。

但し、中国は国際的に門戸開放、機会均等が原則であり、日本の国益のみを追究することは出来ない。

そこで、この満鉄の民間企業という特性を活かして、国家的政治的色彩を払拭して、人道的観念を発揮し、国際主義を基礎として、思う存分にその使命を果たさなければならないのである。

日本が極東のみならず世界に貢献すべき王道精神を最も鮮明に大胆に具現化して行くことが、即ち満鉄の使命である。

と述べて、植民地主義を否定し、王道主義に基づく満蒙開発に寄与することが、満鉄の使命であると主張しています。

更に、雪斎は「『血で取った領土なり』と、この猫の額ほどの関東州を我がものとして、それで満足する程、ケチな我が国であってはなるまい。斯る小局に囚《とら》われた結果は、徒に侵略の意図を疑われ、この大舞台に対し無限に発展しなくてはならない我が文化と、商工業の進路は梗塞され、国際的にも信用を失うことになるだけである」と述べて、植民地主義を強烈に批判し、国際正義に基づいた人道的な経営を強く訴えています。

また、雪斎は「満鉄の使命には、教育や、宣伝や、社会事業の如き神聖なものがある。而も今日決して『同化』などと言う誤った、無益な時代遅れの思想を有《も》ってはならない。お互にその長所や美点や幸福を進めつつ親和すれば好い」として、同化政策を否定し、

満洲は満洲のものであり、満鉄その他も満洲のものであり、一切は満洲の自主で無くてはならぬ。

従って、満鉄の制度をも改めて、内地から来る重役は全て満洲より推挙し、その経営に政府の干渉を許さない。株主は皆満洲住民とすることにより、満洲の事業発展のための投資として、配当減額に理解を求める。日本政府への配当支払いも満鉄の自主決定に任せてもらう。即ち日本政府は、経済その他に於て極力援助すれば好いのである。

と述べて、満鉄の自主性を守り、政府の干渉を許さないことが、「偉大なる満洲の前途に光明があり、当年の流血も酬いられ、東洋の一大光彩として世界に輝くのである」と述べています。

雪斎にとって満鉄は、中国大陸市場の開発が日本の生命線であるという「大陸主義」、植民地主義を排除し、全ての民衆が幸福になるための人道的な大陸政策によって、文明融合の日本精神を扶植して、中国の近代化を成し遂げようという「王道宣施」、この二つの主張を具現化するために最も重要なテーマでした。

自主と創造

満鉄の創設を最も強く推進したのは、児玉源太郎でした。

児玉は、日露戦争を総参謀長として勝利に導く上で重要な役割を果たしながら、日露戦争後の満洲政策のかなめとして満鉄を考えていました。

児玉は、台湾総督時代に本国での業務多忙な自分に代わり、民政長官として台湾統治を見事にこなした後藤新平を満鉄の初代総裁に指名しました。

雪斎は、『新天地』「満鉄の使命と歴代の幹部」の中で、後藤新平を「満鉄首脳経験者の中では彼が第一人者である」と述べて、その手腕を高く評価しています。

雪斎は、

後藤は、奥州水沢という田舎生れで、県庁の給仕から須賀川医学校に入り、次に独逸《ドイツ》に往って衛生学を少々かじった。その後、躍進して衛生局長と為り、その役目を果たした点などは、彼の優れた天分である。

しかし、衛生局長という低からざる官職に在りながら旧相馬藩のお家騒動（相馬事件）に巻き込まれ五ヶ月にわたって収監された。その後無罪を勝ち取るも職を失うこととなった。

この浪人的境遇から後藤を拾い上げて、宇品検疫所を主宰させたのが児玉源太郎である。児玉はその後、彼を台湾民政長官に据えて純政治家と為し、更に満鉄の創立委員長と為った児玉は、彼を総裁にした。こうして後藤は聡明で精悍な児玉に鍛えられ、いつの間にか一廉《ひとかど》の人物となった。

と述べて、後藤の経歴と児玉源太郎との師弟関係について解説しています。

その上で雪斎は、

後藤は、満鉄総裁兼関東都督府顧問となり、台湾から連れて来た中村是公《これきみ》（民政長官兼副総裁）を始め、各一能ある人物を率いて組織を固め、業務の第一着手として重役の合議制を決め、部課を定めた。その中でも調査課に重きを置いたのは、台湾で彼が成功した社会風俗などの綿密な現地調査をもとに政策を立案し、現地の慣習を尊重しながら徐々に同化するという統治手法の再現である。

残念ながら後藤は、在任一年にも満たずして満鉄を去って逓信大臣となったが、人材欠乏の今日、何と言っても彼は手腕家である。

満鉄総裁としての彼は、民政と共に実に創造者であり、その骨格を造った功績は無視できないものがあり、また政界操縦や私党関係に満鉄を喰物《くいもの》にさせた事も無い。

と、後藤の創造者としての手腕を高く評価しています。

また、雪斎は、後藤が「政界操縦や私党関係に満鉄を喰物にさせた事も無い」と満鉄の自主性を守った点も評価しています。

満鉄は株式会社という特殊な形態での満洲経営を行うため、監督官庁による指導を受けることになります。この場合の直接の監督官庁は関東都督府であり、満鉄総裁の上司は関東都督という事になります。一方、日本政府からは外務大臣からの指揮命令を受けることとなり、雪斎の言う満鉄の自主などは困難なものとなってしまいます。

そこで後藤は、満鉄総裁が関東都督府顧問を兼務することにより、関東都督府の影響力を排除する事を条件に満鉄総裁の職を受けました。

この間の経緯は、菊池寛の『満鉄外史』に次のように記述されています。

——満鉄総裁は、関東都督のもとに立つと雖《いえど》も、同時に都督府顧問として外務大臣の下に立ち、都督府行政の一切を預かり聴くべし——。

官制を変更することは出来ぬ方便として以上のような条件を、満鉄総裁の権限に附与することとなって、後藤新平は漸《ようや》く首を縦に振った。

日本中から口説かれて、また後藤以外に満洲経営の適材なしと、自他ともに信じ切っているにも拘らず、以上の言質というか、特権というか、関東都督行政の実権は満鉄総裁にあって、関東都督はロボットに過ぎぬという条件を贏《か》ち得るまでは、誰が何と云っても、首相や元帥に頭を下げられても、恩人であり親分である児玉大将に失望させてまでも、頑として辞退しつづけたところに、後藤新平というものの面白さが想像されもするし、また後藤の満鉄経営に乗り出す覚悟のほども推察出来、更にまた、その条件なしにかかっては、到底今日の満鉄はあり得なかったであろうことを想えば、後藤の政治家としての先見の明には、まったく頭のさがる心地がする。

後藤は、恩師である児玉源太郎から満鉄総裁への就任を説得されたにもかかわらず、右の事情によってこれを固辞して別れました。

ところが、児玉は後藤を説得したその夜に急死してしまいます。

菊池寛は、この事を知った後藤の様子を次のように『満鉄外史』に記しています。

牛込薬王寺前町の児玉邸に駆けつけた後藤は、故人の亡骸を前に、畳へ両手を突いたまま、しばらくは頭をあげることが出来なかった。

何と云っても、この世における自分の唯一の知己、最大の恩人はこの人であった。（中略）

権謀術策、やむを得なかったとはいえ、何故この人にだけは、肚を割って、生前に安心して貰わなかったことか。こうも卒然として逝かれるとは、思いも寄らなかった。

残念だ！　実に、遺憾千万だ。申し訳が無い。足下に伏して謝ろうにも、すでにその人はいないのだ。

後藤新平は泣いた。涙がとめどもなく流れ落ちた。

かくして、後藤は明治三十九年（一九〇六年）、南満洲鉄道の初代総裁に就任しました。

しかし、後藤新平は、満鉄総裁に就任から一年にも満たない明治四十年（一九〇七年）七月に総裁を辞任し、桂太郎内閣のもとで逓信大臣に就任しました。

台湾桃仔園時代から旧知である後藤の手腕に期待するところ大であった雪斎は、「在任一年にも満たずして満鉄を去って逓信大臣となったが、虚栄好きの彼は、当時満鉄の重き使命を研究する暇も無かったのである」と述べて、後藤の出世欲の強さを批判しています。

しかし、後藤が日本政府の植民地主義から満鉄の自主性を守り、同化主義を廃した満洲開発の道筋をつけたことには高い評価を与えています。

後藤は、台湾から引連れて来た中村是公に満鉄経営の後事を託しました。

合議制

第二代満鉄総裁に就任した中村是公は、後藤の立ち上げた様々な計画を着実に実施し、軌道に乗せていきました。

この中村について雪斎は、「中村是公は広島の産、東京帝大の法科で彼の同期は皆二十五年に卒業したが、彼と夏目漱石は翌年廻しだ。夏目は文科でアノ通りの芸術家だから、いわゆる試験の落第はもっともの次第だが、是公のは病気か不成績か欠席だろう。彼は大蔵省に仕えたと見えて、東北地方で収税官であったのを、後藤が台湾に呼んで事務官とし、又土地調査局長にも為り、数年の努力で随分成績も挙げた」と、その経歴を紹介しています。

そして、中村の性格については、「彼は、随分精悍で、元気もので、意地張りで、負けず嫌いで、裁決は流るる如く、事務はピシピシ捌《さば》き、更に気概もあり、曲った事は嫌いと云う幾拍子も揃った男だが、唯精力の溢れを常に酒色に向って走らせた不品行の半面は弁護の余地があるまい」として、酒色に走った不品行を除けば高評価を与えています。

また、その業績については、「後藤一代は総て創業的輪郭の設計に終り、何等の着手もしなかったが、是公時代に至り一時に施設を始めた。即ち本社も埠頭も港湾も倉庫もホテルも病院も学校も本線改修も安奉線敷設も、上海営口安東の埠頭も各地開運事業も電鉄瓦斯も、中央及各地試験所も公所も地方事務所も工場も公園も図書館も満蒙の産業調査その他大小の施設、みな是公時代の創造であって、是公の後任である野村総裁以後の創業的重要事業は鞍山鉄鋼、満鮮聯絡、興安嶺林業位のものである」として、後藤の造った骨格に基づいて、中村が目覚ましい成果を挙げたことに、雪斎は極めて高い評価を与えています。

雪斎は、中村の仕事ぶりについて、

　彼と各重役との間は互いに「きさま」「おまえ」などと呼び合えるほどの親密な交わりで、兄弟の如く、一点の隔意も遠慮も無く、思うままに主張し、しかもその合議は常に談笑の間に一決した。

　又緩急に応じて彼自ら臨機独断専行し、同時に他の独断専行をも許した。故に万事テキパキと捗《はかど》り、事務の渋滞が少なかった。

彼は官僚の常習たる「詮議して見る」とか、「考えて置く」とかの語を知らざるものの如く、即座に可否を断じた。必要があれば何時でも重役会議を開き、決する迄やった。何でも延ばす事を嫌った。迅速を主として書類ずくめのわずらわしさを排した。彼は長い官僚生活をやった男にも似ず、ぶったり、気取ったりすることを知らなかった。重役に対するも下級社員に対するも一様の態度であった。アノ顔でアノ眼をむいて怒鳴っても、社員は懐《なつ》いた。彼は又社員の抜擢をも忘れず、優秀な若手を推薦して理事にした。彼は事業に対して献身的の興味と熱を有《も》っていた。

と述べて、その手腕を大いに評価しています。

ところが、このように中村是公総裁のもと職員が一丸となって、満洲開発に大きな成果を挙げていた満鉄を、政友会が乗っ取りにやってきました。

時代は後藤新平や中村是公を支えてきた長州閥などの藩閥政治から政党政治へと変わる過渡期に当り、大正二年（一九一三年）二月に長州閥の桂内閣が倒れると、薩摩閥の山本権兵衛が原敬の立憲政友会と結んで山本内閣を組織しました。

山本内閣は、同年十二月に突如中村是公を解任し、鉄道院副総裁であった野村龍太郎を総裁に、元政友会幹事長で政友会の大物政治家である伊藤大八を副総裁に就任させました。

この人事は、温厚な野村を傀儡《かいらい》として、伊藤が満鉄の持つ大きな利権を政友会のものとすることが目的というのが実態でした。

伊藤は、是公の腹心である犬塚信太郎《のぶたろう》を除くすべての理事を政友会系の人物に交替させました。これには、満鉄社員の大反発が起こります。

更に伊藤は、これまで満鉄の躍進を支えてきた合議制を廃止し、上意下達《じょういかたつ》の命令制への改定を企てました。犬塚信太郎は重役会議でこれに猛反発、ついに職を辞してしまいました。

国士の魂

この犬塚信太郎について雪斎は、満鉄歴代幹部のなかで最も高い評価を与えています。

犬塚について雪斎は、「彼の原籍は佐賀県だが、東京で小学校を卒業すると、中学にも入らず、一足飛びに高商に入学した。高商を優等で卒業した彼は、まだ十七歳にして、先ず三井に入り門司支店を振り出しに香港、倫敦《ロンドン》等を経て門司支店長となり、到るところその性格と手腕を発揮し、数多き先輩を凌駕して全社の明星と為った」と、その経歴を紹介しています。

そして、「満鉄創立と共に後藤は理事として三十ソコソコの犬塚を三井から引き抜いた。是公と相携えて経営の中心と為ったのは犬塚であった。正にその天分発揮の機会が来たのである」と述べて、犬塚が後藤の招聘によって満鉄理事に就任し、中村総裁と車の両輪となり、満鉄の目覚ましい業績の原動力となったことを示唆しています。

犬塚の能力・性格については、

彼の頭脳は一種飛離れた働きが有った。意識や記憶の如き消極性能の非凡なことは無論、推理、判断の如き積極性能に於て、殆んど聡明を超越した程の輝きを持っていた。

犬塚は利欲無く、青年でありながら売名心無く、国士の魂を以て算盤を執り、公人の心を以て身家を処した。まさしく彼の真本領は、国家社会の奉仕という熱誠で一貫して居たのである。能力に於て彼に勝る者は多かろうが、性格の美に於てはこの種の人物は殆んど見当たらぬ。


と高い評価を与えています。

また、犬塚の仕事ぶりについては、

是公時代の幹部は真に同心協力であった。合議制という名詞は厳格だが、総ての重要案を議決すること恰《あたか》も寄宿舎に於ける学生同士の無邪気な唱和のおもむきを以てヤツてのけた。而して何時も決議の中心と為ったのは犬塚であった。

犬塚には党派心も依怙《えこ》贔屓《ひいき》も私心も私欲も無い、換言すれば顧みて良心に恥じないのが彼の強味だ。総ての為すことは、白日の如く明く、一点の暗影が無い。
また、彼の任侠気分も特性であった。下級社員、青年、浪人等の困窮は能う限り救った。而して自腹を切った。而も彼は自慢や売恩を一切しなかった。而して毎月受取るべき俸給が無いのは常であったが、その大半は任侠に投ぜられたと云うことだ。

そして、雪斎は犬塚が職を辞した時のことを次のように述べています。

と最大級の評価を与えています。

是公に代った野村龍太郎を偶像として、伊藤大八が実権者たるべく副総裁の任に就いた時、犬塚は尚留任していた。それは、野村や伊藤が引き留めたからであるが、何となく虫の好かない伊藤大八が来て、満鉄が政党の喰いものとなるのを憂えていた犬塚は、辞職の機会を伺っていた。
そこに注文通りの機会が来た。ソレは伊藤がヤッた合議制の改廃である。犬塚は猛然として起ち、独りで反対した。
元来彼は、小事にこだわらない男性的な性格で、口数の少ない男であり、常に穏やかな口調で、彼の怒鳴り声を聞いたものが無い位である。その犬塚がこの時だけは実に稲妻がはしり雷鳴が轟くような激烈さで、説得の暇も釈明の隙も与えず、忽ち席を蹴って去ったのである。

雪斎は犬塚について、「褒め過ぎた感があるかも知れぬが、去った者は惜しいのが人情、逃した魚は大きく見える。シカシ余も多くの人材を知り、青年を取扱うこと数十年、未だかつて犬塚の如き型の人物をみたことも聞いたことも無い」と最大の賛辞を贈って、その辞職を惜しんでいます。

このように国家の介入を許さず、民意を反映させながら満鉄の基礎を築いた後藤新平、その意思を引き継ぎ、着実かつ迅速に成果を挙げた中村是公、そして、私心も私欲も全く無く満鉄の使命をひたすら果たした犬塚信太郎らの経営した満鉄は、日本の植民地主義を排除し、満洲の近代化に貢献したという点で、雪斎にとって理想的なものであったと思われます。

政友会の介入

雪斎にとって満鉄の使命は「日本が極東否世界に貢献すべき王道精神を最も鮮明に大胆に事実化して行く」ことにあり、政友会ごとき一政党の党利党略の餌食となることなど、到底許すことが出来ません。

政友会の先兵として満鉄に乗り込んできた伊藤大八に対する雪斎の怒りは凄まじく、伊藤追出しの行動に打って出る事になります。
この行動についてては、雪斎が次のように語っています。

要するに犬塚も論争も問題では無い。唯野村伊藤の引退が急務である。故に余は伊藤を訪うて「多数人心の歓迎せざる満鉄に在りて不快の空気を呼吸せんよりは政友会総務として重要なる党務に当たるに若かず」と衷心より忠告した。
彼曰く「御忠告は感謝す、但しこの處数か月間仕事をさせて戴き、その上で批判を受け不可ならば引退もせん」
余曰く「余は一介の書生、満鉄社員に対し仕事をさせる権も無く、させぬ権も無い。唯、思う、言う、動く自由はある。故に斯く思い、言い、動くのである。初見の貴下に対し半点の憎悪心も無いのみならず、寧ろ同情して居る。唯野村氏を偶像として貴下が采配を執るのは満鉄、政友会、野村、伊藤総ての為めに不可である。理由は説かずとも貴下の方が百も承知の筈、一日も早く余の誠意ある忠告を聴いて自ら覚悟を決められよ」
彼曰く「何事をも為さずして引退する如き非常識はできぬ」
余曰く「就任して見たが色々ウルサイから罷《や》めると言えば恥辱では無い。然らざれば遠からず他動的に逐《お》はるべし。ソレこそ恥辱ならずや。余も言い出した以上は必ず罷めさせて見せる」と捨言葉を遺して別れたが、果然排斥運動が中央に起って忽《たちま》ち葬られてしまった。

伊藤の満鉄副総裁就任が伝わると、利権屋が群がり活気付いた有様は著しかった。現に我輩の伊藤排斥を思い止まらすべく、東京から説得に来た者が二人もいた。

しかし、満鉄は特殊機関だ。公益の為の貢献は寧ろ範囲を超ゆるも可也だが、私利の犠牲となってはならぬ。この意味に於て伊藤の引退は第一に彼自身を救い、更に政友会、満鉄等を救ったものだ。


かくして伊藤大八は、着任僅か七ヶ月の大正三年（一九一四年）七月に野村総裁と共に辞任に追い込まれました。

その後の伊藤について雪斎は、原敬の言葉を借りて次のように語っています。


その二三年後、原敬と会談の時、伊藤の話が出た。余は「気の毒ながら僕が伊藤に辞職を迫った」と言うと、原は「彼は手腕のあった男だったが」と言い、更に「アレ以来彼は全く政界から葬られ、カワイ相に今は骨董イジリをして居る」という。


結局、伊藤大八は、その政治生命を自ら閉ざすこととなりました。

雪斎の大陸青年団には多くの満鉄関係者が学んでいて、雪斎の影響力は、満鉄の幹部も無視できないものとなっていました。

この章で述べている雪斎に於ける「満鉄の使命」は、大陸青年団を通して満鉄職員の多くに浸透しており、利権目当ての政党政治が入り込む隙はありませんでした。

再び政友会

内閣総理大臣となった原敬の政友会は、大正八年（一九一九年）に又しても満鉄乗っ取りを画策し、今回も野村龍太郎を名目上の社長に任命し、前回失脚した伊藤大八に代わり、原総理の秘蔵子でエリート官僚の中西清一を副社長として送り込んできました。

この顛末は、小林英夫著『満鉄「知の集団」の誕生と死』に詳しく記されています。

中西は、東京帝国大学法科の卒業で、内務省から法制局を経て鉄道員理事、監督局長等を歴任した、やり手エリート官僚です。

彼は、着任するとすぐに満鉄の合理化に着手し、理事の交代と人員整理を断行しました。

そして、問題の塔連炭坑の買収に乗り出します。

中西は、満鉄を使い政友会の森恪《もりつとむ》が所有する塔連炭坑を不当に高い値段で買取り、森の政治資金を捻出しました。

この炭坑は、実質百五十万円程度の価値にもかかわらず、満鉄はこれを二百三十万円で買い上げています。

この塔連炭坑買収問題は、満鉄の興農部庶務課長山田潤二による内部告発によって表面化すると、大正九年（一九二〇年）の第四十四帝国議会では憲政会による厳しい追及が行われ、疑獄事件として国民の関心を集めることとなりました。

この事件は裁判に持ち込まれ、第一審の判決は大正十一年（一九二二年）十月に下され、中西には懲役十カ月の判決が下されました。

中西はこれを不服として控訴し、一年二カ月後に東京控訴院で証拠不十分を理由に無罪判決を受けています。

かくして、原敬の政友会は執拗に満鉄乗っ取りを企てましたが、内部告発によって塔連炭坑の買収問題が疑獄事件に発展し、またしても乗っ取りは失敗することとなりました。

この事件について雪斎は、中西清一を評価するなかで次のように述べています。

中西は以前「自分で善しと信じた事は之を断行すべきものと思う、如何」と私に問うから、私は「無論断行すべき」と答えたことがあるが、彼は果たして周囲の非難を冒《おか》し、社員の大淘汰、消費組合の設置等を断行した。

ただ塔連炭坑買収の断行が、彼の致命傷と為った。裁判では無罪となったが、何と云っても森恪や政友会の為に計った跡は明らかである。之を公益の為とは言えぬだろう。

但し、彼自身には、利益を求める心が無いので何ら恥じるところは無いと信じているかも知れない。

若し之を罪だとすれば皆政友会、否、原敬の罪である。中西は寧ろ同情すべきものがある。中西は男性的な性格で、決断力に富み、就任の初めから頗《すこぶ》る「為さんとする」熱心を持って、絶えず緊張していた。その生涯中最も有為の時代に於てつまずきを招き、ついに失意の人と為ったのは、一面彼の徳量の欠乏を語るものであるが、彼としては遺憾の至りであろう。

中西清一に対して雪斎は、伊藤大八の時とは異なり、その失脚をかなり同情的に捉えています。中西は伊藤のような政友会の幹部政治家ではなく、エリート官僚として総理大臣原敬の意向に逆らうことはできない立場であった事に同情の余地ありとしています。

また、中西は満鉄経営に情熱をもって取り組んでいたことにも言及しています。

何れにしても満鉄は、たび重なる政友会の暗躍にもかかわらず、金子イズムの浸透により、その自浄作用が機能し、「満鉄の使命」はかろうじて守られることとなりました。

雪斎の言う「満鉄の使命」とは、植民地主義を排除し、国際正義に基づく人道的な経営によって、利益を追求するのではなく、満蒙に文明融合の日本精神に基づく文化を扶植して、中国の近代化を成し遂げるという雄大なものでした。

この思想は、雪斎亡き後も脈々と息づいていましたが、昭和六年（一九三一年）、折から力をつけて来た関東軍の暴走（満洲事変）によって、露骨な侵略主義を露呈し、国際正義の遂行も水泡に帰すこととなりました。

満洲経営の中心は、昭和七年（一九三二年）の満洲国建国によって、関東軍の軍人と本国から来た日系官吏に移り、満鉄はその使命を失うこととなります。

満洲国建国の理念は、日本人・漢人・朝鮮人・満洲人・蒙古人による「五族協和」の「王道楽土」です。

もちろん彼ら軍人や日系官吏の本音は、日本人による傀儡国家の建設にありますが、彼らは雪斎が主張し続けてきた「満鉄の使命」を建国の理念とすることによって、侵略主義の隠れ蓑として利用したのです。

しかし、雪斎の薫陶を受けた満鉄の職員やその他多くの大陸青年の中には、日本の軍人・官僚に抵抗し、本気で「五族協和」の「王道国家」を建設しようとした人々がいました。

満洲国の建国当時、満鉄本社の調査部門を担当していた伊藤武雄が書いた『満鉄に生きて』には、次のような記述があります。

一般に知られている二つのグループ、満洲青年連盟と雄峯会については、遡《さかのぼ》れば大正中期以来の満蒙経営のイデオローグ金子雪斎を無視することはできないでしょう。雪斎は漢字紙泰東日報を経営し、青年塾として振東社を経営しました。雪斎没後は、満鉄社員を中心とした雑誌「新天地」が、その系譜をついでいます。在満政治結社を語るに、満鉄社員は満洲における知識分子の大淵叢《だいえんそう》でありましたから、在満邦人のどの政治グループのなかでも、その中心的役割をもっています。

雪斎の思想を引き継いだ多くの満鉄職員が、満洲青年連盟や大雄峯会の中心的存在として、雪斎の没後も活躍していたことがわかります。

雪斎亡き後、満鉄職員の多くは、満洲青年連盟や大雄峯会といった団体の中核として、真に民族協和の王道自治国家「満洲国」を建設しようと闘い続けました。

満鉄のイデオローグ（理論的指導者）、金子雪斎の思想は、彼らによって昭和にも生き続けたのです。

第六章　アジア主義

東洋的王道精神

本章では、雪斎とアジア主義者達との関係について述べることによって、彼らとの違いを明確にしたいと思います。

そこで、アジア主義を語るには、どうしても西郷隆盛の思想について最初に語る必要があります。

西郷が西南戦争に敗れ、鹿児島の城山で切腹して果てたのは、明治十年（一八七七年）九月二十四日、雪斎はまだ十三歳で、小学校を卒業し成績優秀のため同校の助教に就任していた頃のことです。

従って、雪斎は西郷と直接の関りはなく、彼の思想を『西郷南洲翁遺訓』等の書物によって学んだものと思われます。

雪斎は、西郷の思想に強い感銘を受け、生涯敬愛していました。

この『西郷南洲翁遺訓』には、次のような西郷の遺訓があります。


文明とは道の普《あまね》く行わるるを賛称せる言にして、宮室の荘厳、衣服の美麗、外観の浮華《ふか》〔うわべは華やかで、実質の乏しいこと〕を言うに非ず。世人の唱うる所ろ何が文明やら何が野蛮やら些《ちっ》とも分らぬぞ。予嘗《かつ》て或《ある》人と議論せしこと有り、西洋は野蛮じゃと云いしかば否な文明ぞと争う。否な否な野蛮じゃと畳みかけしに、何とてそれ程に申すにやと推せしゆえ、実に文明ならば、未開の国に対しなば慈愛を本とし、懇々説諭して開明に導くべきに、左は無くして、未開蒙昧の国に対する程むごく残忍の事を致し己を利するは野蛮じゃと申せしかば、その人、口を莟《つぼ》めて言無かりきとて笑われける。


これは有名な西郷の文明論ですが、西郷は、東洋的な王道精神に対して欧米列強の帝国主義は、野蛮で人道に反するものとして痛烈に批判しています。

もちろん西郷は、西洋文明の優れた面も十分に理解しています。

富国強兵を図るためには、西洋の進んだ科学技術を学ぶべきことは認めています。

しかし、西洋の科学技術はあくまでも手段であって、彼らの帝国主義・植民地主義は、野蛮で人道に反するものとして強く否定しています。

西郷を敬愛するアジア主義者たちは、西郷の思想と行動の中に「東洋的王道」の精神を見出し、西洋の帝国主義・植民地主義は武力を以てアジアを威圧する「西洋的覇道」と見なしました。

アジア主義者達は、西郷に象徴される「東洋的王道」精神によって、西洋の帝国主義・植民地主義からアジア諸国を救い出し、王道的「仁政」でアジアをまとめ上げ、西洋の「覇道」に対抗しようと考えました。

雪斎は、欧米列強の帝国主義＝覇道は、自国の利益中心の植民地主義であって、人道を軽視しているが、「王道主義」は、民衆のためを思う人道的な公の行動であるとし、日本は「王道主義」をもって中国の近代化に貢献し、共に協力し「西洋的覇道」に対抗すべきと主張しました。

まさに西郷の「東洋的王道」精神を受け継いだ思想であることがわかります。

但し、雪斎は、他のアジア主義者のように中国の孫文や朝鮮の金玉均等の革命家達を支援し、封建的政治体制を倒すことでアジア諸国を近代化に導き、西洋の植民地主義を排除しようとしたのではありません。

雪斎は、漢字新聞『泰東日報』を使い、中国及び中国民衆に対し言論によって、近代化の必要性を説きました。

そして、日本及び日本国民に対しては、言論によって大陸に対する植民地主義の愚かさを訴え続けると共に、「大陸青年団」や「振東学社」という教育機関を設立し、中国大陸の発展を担《にな》う青少年を育成しました。

雪斎は、常に中国民衆の中にあって彼等の立場に立ち、見返りを求めない「王道主義」によってその近代化を図ることで、欧米列強の植民地主義を排除しようとしたところに、その価値が輝いています。

満洲頭山

明治期を代表するアジア主義者としては、玄洋社の頭山満、黒龍会の内田良平と大正期以降に活躍した猶存社の大川周明・北一輝・満川亀太郎等の活動を挙げることができます。

雪斎は、この頭山満をはじめとする玄洋社のメンバーや満川亀太郎等、多くのアジア主義者と親交があり影響を与えています。

頭山満《とうやまみつる》（立雲）は、安政二年（一八五五年）福岡藩士の三男として生まれました。雪斎より九歳年上となります。

明治九年（一八七六年）二十一歳のとき福岡の不平士族の結社「矯志社」の蜂起計画に加わり入獄しますが、このため、翌明治十年の西南戦争に参加できず、尊敬する西郷隆盛と共に戦えなかったことを生涯悔やみました。

のちに自由民権運動に参加し、明治十二年（一八七九年）に向陽社（明治十四年、玄洋社に改称）を結成、国会開設請願運動を行いましたが、明治十七年（一八八四年）「甲申政変」に敗れ日本に亡命してきた金玉均と出会い、朝鮮開化派への支援を通じてアジア主義の主張を強めるようになりました。

葦津珍彦《あしづうずひこ》は、自著『永遠の維新者』の中で、頭山を次のように紹介しています。

西郷亡きのちに、多くの人からその精神的継承者と評せられたのが、頭山満である。かれは、韓国の進歩独立派の先駆者・金玉均に親しみ、支援すること熱心であった。

頭山は、金以外にも中国の辛亥革命を主導する孫文をはじめ、アジア諸国の民族主義者・独立運動家たちを支援しました。

また、頭山は右翼の巨頭として政界に隠然たる影響力を持っていました。

藤本尚則編『頭山精神』の「『満洲頭山』金子雪斎翁」には、頭山と雪斎の出会いについて次のように記載されています。

編者は疾《と》くより雪斎翁が「満洲頭山」と称せられていたことを知っていた。頭山翁が、明治四十三年支那第一革命援助のために渡支せられた帰り路に大連に立寄った時雪斎翁を見て「これはナカナカのものじゃ」と感心せられたのが両翁相交《あいまじ》わるの始まりだったと云う。

そして編者は、二人について次のように述べています。

立雲翁も雪斎翁も真の国士であり、人としての国宝であり、位階とか勲等とか、財貨とか、そんな物は全く眼中になく、国家社会のために尽くす高士達人である。

雪斎翁は理智透明の人、立雲翁は漠《ばく》として捉《つか》まえどころの無い人であり、この点に両翁の性格の相違は発見し得るも、大人格者たる点に於ては同じで、功利主義者、立身出世主義者、煽動的民衆指導者の徒の跋扈《ばっこ》する当節、真に希少で偉大な人物である。

頭山立雲も金子雪斎も「位階とか勲等とか、財貨とか、そんな物は全く眼中になく国家及び社会のために尽くす高士達人である」という点で共通する「大人格者」であることは確かですが、二人のアジア主義者としてのスタンスは全く異なるものでした。

頭山は、中国革命を主導する孫文を最後まで、人的にも資金的にも支援しつづけました。

孫文は、当初「滅満興漢」を唱えて、清朝を構成する満族を故郷満洲に追いやることによって、長城以南に漢族を中心とする共和制国家を樹立する構想をもって革命を進めていました。

この考えで孫文は、革命成就の暁には満洲を日本に譲っても良いと日本のアジア主義者に語っていました。(但し、中国の研究者の中には、この孫文の発言を史実と見なさない人もいます)。

ところが、日本のアジア主義者も孫文ら中国革命派も、中国民衆の民族を超えた一つの中国という、中国ナショナリズムの形成を見過ごしていました。

大正三年(一九一四年)の第一次世界大戦で日本は、ドイツに宣戦布告し、青島のドイツ軍を攻撃、膠州湾の租借地を占領しました。

そして、翌大正四年(一九一五年)「二十一カ条要求」を袁世凱の中華民国に突きつけました。

要求の内容は、ドイツが持っていた膠州湾など山東省の利権の獲得、旅順・大連の租借期限、満鉄・安泰鉄道利益期限を九十九年間に延長すること、鉱山の採掘権などですが、これが中国人の強い反発を生み、中国ナショナリズムに火をつける結果となり、その後の根強い抗日運動につながっていきます。

孫文は、辛亥革命以後、民族を超えた一つの中国という、中国ナショナリズムを採用し、「滅満興漢」の考えを捨て、満洲も中国という考えに方向転換します。

頭山は、これを孫文の裏切り行為として、あくまでも満洲利権の継続を主張しました。日本国民は、多くの日本人の「血の代償」としての満洲利権を簡単に手放すことなどできないと考えていました。

この段階で日本のアジア主義は、『東洋的王道』による中国民衆の圧政からの解放という目標から逸脱し、中国人から見て侵略主義、即ち『西洋的覇道』へと変貌していました。

雪斎は、このことを『雪斎遺稿』「満鉄の使命と歴代の幹部」で次のように指摘しています。


「血を以て得たるものは血を以て守る」とは、久しく行われた恐るべき侵略主義の至訣であったが、コンナものは疾《と》くの昔に影を没して居る。今日出て来れば亡霊である。


そして、雪斎は、「血の代償」としての満洲利権などというケチな論理では、中国人に領土的野心を疑われ信頼を失うこととなると指摘しています。

更に雪斎は、本書の序章で紹介した通り、「醒覚してから」（大正十四年『日満通信』創刊第五周年記念号）で、中国人の気持ちを代弁し、「日本は白人連盟の仲間に入るはずではないか、自ら白人の列に入ったのを名誉として支那人を侮辱し、常に白人と共同して支那を圧抑した外《ほか》、未だかつて支那に代って権利を主張してくれたことは無い」と言って、日本のアジア主義を痛烈に批判しています。

雪斎は、他のアジア主義者と違い、常に中国人の中に居て、彼らの側に立って思考することができました。

これには雪斎の語学力も大きく影響したのかもしれません。直接コミュニケーションがとれるということは、彼らの内面的な感情の変化を的確に捉え、自らの過ちに気付くことが出来るからです。

雪斎は、政治権力とは一定の距離を保ちつつ、常に民衆の側に立ち、民衆とのコミュニケーションを大切にしていたということで、他のアジア主義者とは一線を画す存在でした。

頭山は中国ナショナリズムの変化に気付いていませんでしたが、中国民衆の中にあって、コミュニケーションを直接取り続けている雪斎には、中国人にとっては満洲も「一つの中国」であるということを十分に理解できていました。

「東洋的王道」精神で、満鉄を使って満洲の近代化を図ろうとしていた雪斎にとっては、中国民衆に日本の領土的野心を疑われることは、極めてつらい状況であったと思われます。

昭和十三年（一九三八年）に振東学社が出版した『雪斎先生遺芳録』の巻頭に「追懐」として頭山満の述懐が掲載されています。

金子さんは何人にも非常に親切じゃった。三浦や山縣にも、杉浦や俺《おい》などに対しても、よく注意や忠告を率直に思った通りを云って呉れた。

今の連中は自分で思って居ても、却々《なかなか》他人には思うことを率直にヨウ言いヨらん。金子さん位い率直に何事でも言い得る親切な人物が居ないことは、日本の為に遺憾で又淋しく思う次第じゃ。

文中の三浦は、閔妃殺害の首謀者で当時朝鮮公使であった三浦梧楼、山縣は山縣有朋、杉浦は、雑誌『日本人』を発刊し、国粋主義を唱えた杉浦重剛《じゅうごう》のことで、皆、先輩であり当時の思想界・政界の大物ですが、雪斎は彼らにとっては耳の痛い話でも率直に語っていたことがわかります。

頭山に対しても、頭山の目指すアジア主義が、中国人には侵略主義と映っていることを率直に指摘したのだと思います。

この『雪斎先生遺芳録』が出版された昭和十三年（一九三八年）は、その前年の昭和十二年（一九三七年）七月に起った盧溝橋事件をきっかけに日中戦争が拡大している時でした。頭山は、今は亡き雪斎の指摘を思い返し、改めてその重みを実感したのでしょう。

玄洋社

玄洋社は、頭山満などの旧福岡藩出身者が中心となり、明治十二年（一八七九年）に結成された政治結社です。

結成当初は自由民権を唱えて国会開設請願運動などを行っていましたが、「甲申政変」に敗れ日本に亡命してきた金玉均との出会いから、アジアの連帯を強く意識するようになり、その対外政策をアジア諸国の近代化と独立の達成支援に置くようになりました。

この点で、玄洋社と雪斎との間には共通点が生まれ、玄洋社社員との交流が活発化しました。これまで本書に雪斎の後継者として何度か登場した、阿部真言は、玄洋社の社員名簿にその名が記されています。

阿部は、明治十七年（一八八四年）一月に福岡県宗像郡津屋崎新宮司に生まれ、福岡修猷館中学から早稲田大学に進学しました。中野正剛は、中学・大学の後輩です。卒業後は『東方時論』を発行、経営し、常に背後から政治家中野正剛を援助していました。

大正十一年（一九二二年）三月に雪斎の招聘に応じて大連に渡り、雪斎の活動を助けていましたが、大正十四年（一九二五年）八月、雪斎が没すると、その遺託によって泰東日報社長、振東学社総理となりました。

昭和十一年（一九三六年）に黒龍会が編纂した『東亜先覚志士記伝下巻』には、阿部真言についてて次のように記されています。

彼はその名の如く真言の士で、重厚沈毅《ちんき》〔落ち着いていて、物事に動じないこと〕全く表裏相欺《あいあざむ》かざる真摯《しんし》〔真面目でひたむき〕の人物であつた。（中略）彼が生前不正を排斥すること秋霜烈日《しゅうそうれつじつ》〔態度や意志が、激しく厳しいこと、また堅固であること」の如きものあるを見て、頭山満は「真言、その名に悖《もと》らず」と称揚していた。

雪斎は、中野正剛を通じて阿部真言を知ったと思われますが、阿部の「重厚沈毅、全く表裏相欺かざる真摯の人物」であることを見抜き、後事を託したのでしょう。

阿部は、雪斎の意思を厳格に次ぎ、政治権力と一定の距離を保ち、常に満洲民衆の中にあって、満洲の近代化に貢献できる人材の育成に勉めました。

また、『新天地（金子雪斎翁之追憶）』の中で「気で通した金子翁」と題した思い出を語っている相生由《あいおいよし》太郎《たろう》も玄洋社の社員です。

相生は、慶応三年（一八六七年）四月に福岡市西町の魚商相生久治の長男として生まれました。

彼は、幼い頃から家庭の経済的な事情から魚の担《かつ》ぎ売りに従事していたため、小学校も完全に卒業していません。

十七歳の時、一念発起、正木昌陽の塾に入門し漢籍を学び、更に修猷館中学に入学、優秀な成績で卒業し黒田侯爵家の貸費生に選抜されて東京高等商業学校（現在の一橋大）に進みました。

明治二十九年（一八九六年）に東京高等商業学校を卒業した相生は、実家のために高収入を求めて、日本郵船、兵庫県柏原中学校、東京の野沢商店、名古屋商業学校、三井鉱山等と職を転々と変えています。

明治三十七年（一九〇四年）には、三井物産門司支店に職を替えました。

相生は、この三井物産時代に石炭労働者の労使紛争を見事に解決した手腕を買われ、満鉄幹部の中で雪斎の評価が最も高い、犬塚信太郎の招聘を受けて大連の埠頭事務所長に就任しました。

そして、それまでばらばらに営業していた運送屋や仲仕組を統一して、埠頭業務の一切を満鉄の直営にするという荒業をやってのけました。気の荒い仲仕たちをまとめるのは、まさに命がけの仕事でした。

相生は、その後満鉄を辞め、大連で福昌公司を設立し、満鉄直営に一本化していた埠頭荷役業務を一手に引き受けました。

大正五年（一九一六年）から十四年（一九二五年）までは大連商工会議所の会頭を務め、満洲の財界発展に貢献しています。

この相生は、『新天地（金子雪斎翁之追憶）』（大正十四年十月号）の中で、雪斎の思い出を次のように語っています。

> 翁が道に就き、天下国家の公事に就き議論するときには、相手方の社会的地位などは眼中になかった。伊藤〔博文〕公や山縣〔有朋〕公に会って話を交わす時、現場に居合わせた人の話を聞いても、少しも言葉の上に隔てがなかった、自問自答する時の態度であった。

内閣諸公、世の所謂《いわゆる》名士と会って話をする時、一度としてこの態度を変えたことがなかった。

相生は、「西洋的覇道」に傾斜する伊藤や山縣に対し、堂々と「王道主義」を主張する雪斎の態度を高く評価しています。

相生も雪斎の影響を強く受けたアジア主義者の一人でした。

彼は、政治権力と一定の距離を保ち、実業家として民衆と直接関わり合い、大陸の経済発展に貢献する道を選びました。

革新右翼

『新天地（金子雪斎翁之追憶）』は、雪斎の死を惜しみ、四十五人のゆかりの人々がそれぞれの思い出をつづった特別号ですが、その第一番目を飾るのが満川亀太郎《みつかわかめたろう》です。

満川は、雪斎との関係を次のように述べています。

私は先生にお目にかかったこと前後四回に過ぎぬ。而して先生との交際期間は僅《わずか》に大正十二年からの三年間である。それにも拘らず精神的には浅からぬ関係あったことを確信する。特に『東方時論』や老荘会以来の親友阿部君が先生の補佐役として大連に赴《おもむ》いてから極めて密接なる精神的関係を持続しつつあった。

この文章から満川亀太郎と雪斎を結びつけたのは、雪斎の後継者となった阿部真言であることがわかります。

阿部は、満川が世話人となって設立した「老荘会」に参加し、彼と知り合ったようです。

老荘会は、ロシア革命や米騒動などによる社会不安の増大、デモクラシー思想の広がりを契機として、社会や経済を改造する必要性を感じた満川が、大正七年（一九一八年）に組織した勉強会です。

会員には、大川周明や中野正剛などの右翼陣営に属する人々や、社会主義者である堺利彦や国家社会主義者の高畠素之《たかばたけもとゆき》なども含まれており、世代やイデオロギーを超えた組織でした。

玄洋社に端を発した明治期以来の国家主義運動は、概ね皇室中心主義・国粋主義・大アジア主義を思想とし、精神主義的な色彩の強いもので、明治国家とは協力関係にありました。

これに対して、第一次世界大戦後の経済不況、社会運動の活発化、退廃的世相などに危機感をいだいた満川らは、明治国家を克服・改革（国家改造）することによって、より強い国家として再生させようと考えました。

また、国家改造によって強力な国家となり、アジアの植民地支配からの解放を実現するという主張を掲げ、昭和のアジア主義をリードしていきました。

彼らは「革新右翼」と呼ばれ、「老荘会」はその先駆的母体と言われています。

満川はそれまで主宰してきた老壮会の活動をより実践的なものにするため、大正八年（一九一九年）に大川周明とともに、イデオロギー的に近い人々で「猶存社」を組織しました。そして、上海に滞在していた北一輝を呼び寄せ、理論的な指導者として迎えました。北が執筆した『国家改造案原理大綱』を、国家を抜本的に改造するための青写真として刊行するとともに、機関紙として『雄叫』を発刊しました。

しかし、彼等は国家改造を軍事クーデターによって成し遂げようとしていました。

結局、彼等の運動は青年将校達の支持するところとなり、ファシズムと結びつき、日本を侵略戦争へと押し進めてしまいました。

北一輝は、昭和十一年（一九三六年）の二・二六事件で首謀者と見なされ、翌年銃殺刑に処されました。

大川周明は、昭和七年（一九三二年）の五・一五事件では禁錮五年の有罪判決を受けて服役しています。また、極東国際軍事裁判（東京裁判）で、A級戦犯として起訴されましたが、精神障害と診断され訴追免除となりました。

満川亀太郎は、大正十四年（一九二五年）、大川・北の対立により猶存社が解散すると、大川の行地社に参加しますが、昭和十一年（一九三六年）脳溢血により四十八歳の若さでこの世を去りました。

『新天地（金子雪斎翁之追憶）』で満川亀太郎は、大正十四年（一九二五年）三月の雪斎の様子を次のように語っています。

> 今年三月四日の夕、先生を旧本丸の社会教育研究所に迎えた。卒業期の近づいた学生一同に講和をして貰うのが目的であったのである。「大川周明君からも一度来て呉れと頼まれて居ったので、来よう来ようと思い乍ら用事があって来られなかった。ここは中々よい所だね、こういう処で勉強をしている学生諸君は幸福だ」と言って、一時間ばかり学生に持論たる正義立国論を聞かされた。

雪斎は、満鉄東亜経済調査局に勤務していた大川周明とも親交があり、彼等には持論である「正義立国」を説き続けていました。

しかし、雪斎の「王道」論は、まどろっこしく古い思想として、もはや彼等の心には響かなかったのでしょうか。

雪斎は、政治権力者に対し、あくまでも言論によって国家の進むべき道を説き続けましたが、若い満川や大川達は、軍部と結びつくことによって国家改造を実行する、覇道の道を突き進んでしまいました。

第七章　正義立国

日韓併合

雪斎は、大連において『泰東日報』及び機関紙『大陸』を発刊、大陸青年団、振東学社を設立し、その思想家としての影響力を拡大しました。

そして、一貫して「大陸主義」「王道宣施」の主張を展開する中で、朝鮮の独立を主張しました。この朝鮮独立問題についての雪斎の対応を追って見ようと思います。

まず、日韓併合に至る経緯を日清戦争後の朝鮮から見ていきます。

朝鮮は、日本の日清戦争勝利によって清国との宗属関係が解消され、日本に推された大院君派の勢力が拡大します。

一方、復権を図る閔氏側は、ロシア軍の支援により権力を奪還します。しかし、閔妃は明治二十八年（一八九五年）十月、三浦梧楼（朝鮮公使）らの計画により王宮に乱入した日本公使館指揮の警備隊、日本人壮士、大院君派の朝鮮兵などにより殺害されてしまいます（乙未《いつび》事変）。

王妃を殺害された高宗は、ロシアの助力により親露派内閣を発足、日本の影響力を排除しました。明治三十年（一八九七年）、高宗は自ら皇帝に即位して国号を「大韓」と改めました。高宗はロシアの力を借りて専制君主国家の成立に取り組みます。

しかし、日本の日露戦争勝利によって政情は一変します。ロシアの後ろ盾をなくした高宗は、明治三十八年（一九〇五年）、第二次日韓協約を締結します。これによって韓国の皇室は保持されましたが、外交権は日本に握られ、事実上、韓国は日本の保護下に入りました。同年十二月、韓国軍の指揮権を有する行政府である統監府が設置され、伊藤博文が初代統監に就任しました。

高宗は、外交権回復を画策し、明治四十年（一九〇七年）六月、オランダのハーグで行なわれていた万国平和会議に密使を送りますが、参加各国から接触を拒否され失敗に終わります（ハーグ密使事変）。

この失敗は日本国の知るところとなり、高宗は七月に退位、純宗が即位します。同月、韓国は第三次日韓協約を結び内政権を日本に譲り、軍隊を解散させました。

そんな中、明治四十二年（一九〇九年）十月、ハルビン駅頭で当時は枢密院議長の伊藤博文が朝鮮民族主義者、安重根に暗殺されるという事件が起きました。

この事件をきっかけに明治四十三年（一九一〇年）十月、日本は遂に日韓併合に踏み切りました。

このように日韓併合の経緯を見れば、大院君も閔妃も高宗も自国民を顧みず、国内の権力争いに終始していました。また、ロシアの南下政策を警戒する欧米列強の意図を理解できない国際感覚の無さが、日本による併合を許す結果になることに考えが及びませんでした。

雪斎は当初、このような朝鮮を併合することは、朝鮮民衆を悪政から救う正義の行動であると考えていました。

ところが、雪斎は満川亀太郎に「僕は最初朝鮮が併合によって非常な幸福を得たものと思っていたが、釜山で或る朝鮮青年の真剣な話を聞いてから思想が一変して仕舞った」と語っています。

雪斎は、一人の朝鮮人青年の思いを聴き、朝鮮民衆の心を知り自ら大いに反省し、朝鮮は日本の手で近代化を図り、いずれ独立をさせなければならない、それが正義の行動であると考えるようになったのです。

雪斎は、この思いを強く持ち、多くの人に語り、出版物で主張し、かつ当時の総理大臣原《はら》敬《たかし》に進言し、また当時の朝鮮総督齋藤実《まこと》にも同じ進言をしています。

本書の序章で紹介した通り、雪斎が中野正剛に「朝鮮は独立させてやるのだ」「人間が人間に対してお前は独立してはいけないなど、どうして言えるか、そんな馬鹿げた説法は、如何に巧妙に潤色しても、朝鮮人は誰も耳を傾けない」と語ったのは、この頃の話です。

しかし、日韓併合後の朝鮮では、植民地化に反対する民族運動を徹底的に弾圧し、同化政策を推し進める日本に対し、独立運動家たちの強い反発が起こります。

大正八年（一九一九年）三月一日、京城（今のソウル）において、朝鮮独立派による朝鮮独立宣言が発表され、大規模な独立要求デモが挙行されました（三・一運動）。

この朝鮮独立宣言とそれに続くデモ行進は、平壌など朝鮮全土に広がり、延べ二百万人が参加したと言われています。

日本はこの独立要求デモに対し、軍隊を増派して大弾圧を行ない鎮圧しました。この大弾圧による犠牲者は、翌年の三月一日までに朝鮮人死者七千六百四十五人、逮捕者約五万人を数えるに至りました。

現在、韓国ではこの「三・一運動」を評価し、三月一日を「三一節」として国家の祝日に指定し、大統領が演説を行なう式典を催しています。

雪斎は、この「三・一運動」最中の大正八年（一九一九年）八月『東方時論』に「国家国民の反省」と題した論説の中で、「汝は鮮人に対して同情ありや。之を同胞視せりや。公平なりや。警政は如何。教育は如何」と国民に対して問いかけ、「悲しいかな我れ竟《つい》に反省なき国民たらんとするか」と言って、日本国及び日本国民に対し反省をうながしています。

また、雪斎は大正九年（一九二〇年）一月『東方時論』には、次のような論説を発表しています。

唯《ただ》「天力を擁して自主的に世界に対する」ことを忘れ、ひたすら知見の魔窟《まくつ》に呻吟《しんぎん》するは痛むべし。されば天力に激応すべき我が自覚のまにまに、米に当たり、露に対し、支に臨め、朝鮮を扶植せよ、その自治をも認めよ、独立をも許せ、高大の天職は、やがて我が国家国民の有たるべし。

雪斎は、「天の道理に従って世界に向き合うことを忘れ、浅はかな人間の考えで行動してはいけない。天の道理に従って、米国に当たり、ロシアに対し、中国に臨みなさい。朝鮮を育成し、その自治を認め、独立をも許しなさい。抜きん出て優れた行いは、やがては日本国民のもとに帰ってくるであろう」と述べています。

日本は、朝鮮民衆の民族独立に向けた思いを、軍事力による弾圧によって押さえつけました。

雪斎は、日露戦争の最中に、「この戦争の勝利によって日本国民が動物化することを恐れる」と日記に記しましたが、その杞憂が遂に現実のものとなって、朝鮮民衆に向けられてしまいました。

「東洋的王道」で朝鮮民衆を圧政から解放するというアジア主義は、日本自らが朝鮮民衆を武力で弾圧する「西洋的覇道」の主体となってしまいました。

この論説には、この事に対する雪斎の強い憤りが感じられます。

そして雪斎は、この後の人生をかけて日本国民が植民地主義を排除して、「王道主義」による人道的な行動に回帰するよう「正義立国」という言葉を使い、訴え続けました。

民衆本位

雪斎は、大正十一年（一九二二年）に自らが胃癌に侵されていることを知ります。死期が近いことを悟った雪斎は、翌大正十二年（一九二三年）に「日本革新の根本義」と題した日本改革案を発表し、時の内閣総理大臣山本権兵衛に対して、満鉄理事時代から親交のあった樺山資《すけ》英《ひで》内閣書記官長（現代の内閣官房長官）を通じてこれを建白しています。

雪斎は、この「日本革新の根本義」の中で「国家主義」「民衆本位」と題した項目について、次のように提起しています。

国家主義　人類の目的に対する基脚と為り、動力と為り、揺籃《ようらん》〈ゆりかご〉となり、保証と為るものは猶《なお》国家に勝るもの無し、吾人は真の道義に根拠する理想的国家の完成を期す。

民衆本位　皇位と国家は我が全人類の為めに立つ、故に其の目的は民衆を超越せる一切の権力を否定す。


通常「国家主義」は、個人よりも国家に絶対の優位を認める考え方を言い、国家のために個人が存在するという考え方で、国民は国家のために戦場に於て死をも求められます。

しかし、雪斎の「国家主義」では、国家は人類の「基脚と為り、動力と為り、揺籃となり、保証と為るもの」として、個人のために国家が存在することになっています。

雪斎は、国家は国民を守る為に全力を尽くすべき存在であり、この正義を実現する理想の国家を目指すべきと主張しています。

また「民衆本位」においては、天皇と国家は「我が全人類の為めに立つ」として、天皇と国家には、自国民のためのみならず、全人類、全民衆のための「王道主義」に基づく「天下の仁政」を行うことを求めています。

前項で述べた通り、雪斎は朝鮮民衆の独立への強い心を知り、朝鮮は日本の手で近代化を図り、いずれ独立をさせなければならない、それが正義の行動であると主張しています。

従って、日本が武力を以て独立を求める朝鮮民衆を弾圧した行為は、「民衆を超越せる権力」として、否定されることとなります。

また、満洲に於て日本が搾取的植民地主義によって、中国の民衆を苦しめることも、「民衆を超越せる権力」として、否定されます。

日本は、全人類に対して真の正義に基づく理想的な国家となること、即ち「正義立国」によって、自国民のみならず他国民を含めた全民衆のための良い政治を行うべきとしているのです。

雪斎は、日露戦争に通訳官として従軍し、戦場となって苦しむ中国民衆の訴えを直接聴き、彼らのために力を尽くしました。

また、台湾、満洲では、常に民衆の中にあって彼らの心を理解し、彼ら民衆のために尽力することで信頼関係を築いてきました。

そして雪斎は、中国や朝鮮の民衆を日本の植民地主義から守ろうと、必死の努力を続けました。

日本は、欧米列強のごとく自国の利益のみを追い求める国家ではなく、全民衆、全人類の幸福を願う正義の国家となるべきであるというのが、雪斎の「日本革新の根本義」における真意となっています。

醒覚してから

死期が近いことを悟った雪斎は、亡くなる三カ月前の大正十四年（一九二五年）五月号『日満通信記念号』に「醒覚してから」と題して、持論である「正義立国」について最後の主張を行いました。

雪斎は、「日本人には、よく考えもせずに西洋文明を自分たちの文明よりも優れたものとして模倣し、思想までそのまま取り入れてしまう軽率なところがある。満蒙を植民地視するのは、こうした日本人の軽率さ故であるが、満洲をよく見てほしい。そして、中国及び世界の現状をよく見てほしい」と語り始めます。そして、

日本は欧米列強の模倣により富国強兵が進み、小型の米英となってきた。この驕《おご》りが満蒙の植民地視につながるのであるが、所詮模倣は模倣であって、米英を超えることはできない。

「鴉《からす》は鵜《う》の模倣をせずとも地位、幸福、共に鵜の下風には立たぬ。その代り模倣すれば溺れる」のだ。米英の文明と富栄が我国の目的、理想だとするならば、わが国は、彼等の滅亡を待つしかない。

そうでなければ彼等の模倣をして追いかけても、既に時を逸している。米大陸、アフリカ、豪州等、事実上あるじの居ない地域は、既に彼等に植民地化されていて追いつくことが出来ない。結局は彼等の風下に立つしかないのだ。

と言って、日本がアジアに於て米英の植民地主義を模倣することの愚を説きます。

そして、雪斎は「農工商業の努力振興は絶対に必要だが、日本が模倣しても我国の天分でないから目的は達せられない。わが国の天分は、人道を重視する『王道主義』にある。日本は『王道主義』によって『正義』を立国の大方針とする国家、即ち『正義立国』とならなければならない」と主張します。

雪斎は更に続けます。

満蒙は中国の属領であるが「日本は政治上に経済上に絶対の関係を有し、世界如何なる国と関係を絶つことあるも、この対岸大陸を視線外に置くべき時期なし」との「大陸主義」を述べたうえで、「何故に二十一カ条を始め種々の対支事業が反対を受けたか、何故に二十年の満洲経営が少しも植民地的効果を齎《もたら》さぬか、この点に目覚めなければ独り将来の見込が無いのみならず、恐らく非常な国家的難局に陥るかも知れぬ」と述べます。

そして、「条約攻め、証文一天張り、さては指導主義、親善の押売りなどの心理では到底満蒙発展の見込はない。我国には犠牲心を有《も》つ程の資本家が無く、企業利益優先の資本主義では効果が挙がらないのだ。総てが搾取本位の植民地主義では、満蒙に発展すべき可能性が無いのだ。『正義立国』は、実にこの行詰りの闇黒を打破って坦々たる一條の進路を見出すべき燈火である」と言っています。

雪斎は、日本が満蒙に対する領土的野心を捨て、日本の資本によって満蒙の経済発展を達成し、その緊密な関係において貿易を振興して、両者共存共栄の経済圏を造ることが、欧米列強との国際競争に生き残る唯一の道であると信じています。

そのために日本は、土地に対する執着を棄て、満蒙に対する開発プロジェクトのような大事業は、利益追求中心の私企業ではなく、国有企業による政策的な投資を行う必要があると考えています。

また、このことを日本人が理解するために「人道的信念及び愛国に伴う国際的正義観念の確立」が必要であり、植民地主義という不義に反抗する心を持つことが必要である。

そうすれば、「満蒙経営、日支親善、大陸発展、亜細亜連盟、みなこの真剣なる覚悟の前に破竹の勢を以て成果をあげ、この超政策的権威に反抗し得る国は無い」と主張します。

そして、雪斎は、この論説によって満蒙政策についての全内容を論じてきましたが、これを実現するためには、日本が国家を挙げて今日までの間違った主義、政策、人心を正し、全世界に対し「正義」を行う国家となることが必要であると述べて、この論説を締めくくっています。

もし日本及び日本人が、この雪斎の主張を聞き入れて、日中戦争や太平洋戦争につぎ込んだ莫大な資金を、「王道主義」による人道的な、見返りを求めない大陸開発に充てていたならば、今の中国や日本、朝鮮そしてアジア諸国は、欧米諸国に匹敵する理想の経済圏を造り上げていたのかもしれません。

無窮観

胃癌を病む雪斎は、その死期を悟り大正十四年（一九二五年）八月十九日、振東学社において自らの告別式を行い、彼を師と仰ぐ多くの教え子たちに向い、告別の辞を述べました。

雪斎は、次のように語りかけます。

従来私がやって来た泰東日報も、青年団も、公に捧げたもので、私の予《かね》ての主張通り、塵一本も私の所有物は無い。

今迄諸君の御希望に副《そ》わなかった点もあったろうが、自分としては人の為め、社会の為め、国家の為め……大きく云えば超国家的でなくてはならない。

皆さんも永久に渉る人類の為にお盡《つく》し下さらんことを……そうすれば私の魂は喜ぶ……若し私の魂が碌なものでなければ碌なことは出来ないだろう。

そして、『大陸之青年』（七月号）に書いた「無窮観（理想と生命）」を朗読します。この「無窮観（理想と生命）」が金子雪斎の絶筆となりました。

雪斎はこの無窮観について、「総ての動き総ての形、これが人の目にふれ意志に働きかけて総てを活動させる。無窮は人にすれば生命、自分の考えとして定めたものが、自分の理念に織り込まれて無窮に向う。死も生も無い、理想を以て貫くことは無窮に向う事だ」と説きます。

この「無窮観（理想と生命）」は、次の文章で結ばれています。


天地の在らん限り我が向上的努力は止めぬ。理想的人生、即ち永遠の命は此処にあらねばならぬ。


これは、雪斎の理想＝志が、雪斎を理解する人たちに引き継がれ、そして、それぞれの能力や立場に於て理想を追究し、それが更に引き継がれ向上する努力は、無窮《むきゅう》（永遠）の生命をもって続いてほしいと弟子たちに言っているのだと思います。

雪斎は、「これでお礼を申し上げたつもりですが……永々御世話になった人と一々こうやって一人々々話したら、よい告別になるけれど、さきは急ぐし……限りが無い。失礼しました、どうもこの暑いのにネー……」と言ってこの告別の辞を終えました。

雪斎は、この告別式の後九日目の大正十四年（一九二五年）八月二十八日に、弟子たちに見守られながらその六十一年の生涯を終えました。

終章　明星

金子雪斎は、元治元年（一八六四年）、越前の豪農牧野家の四男に生れました。

その家系は、信長によって滅ぼされた朝倉義景の近臣、牧野時成に発します。

牧野家は、朝倉氏滅亡後その封地に帰り、雪斎の父平左衛門に到るまで三百年、織田、豊臣、徳川の世を政治権力とは一切距離を置き、農民として民衆と共に生きる道を選びました。

雪斎も政治権力とは一定の距離を置き、常に民衆の中にあって民衆のために生きる人生を歩むこととなりました。

雪斎は、父から幼児期に四書五経の素読を習い、十四歳で福井城下に出ると広部鳥道の漢学塾に学びました。

陽明学者広部鳥道との出会いは、雪斎の妻を持たず、蓄財をせず、徹底的に無私を貫くというストイックな生き様を決定づけました。

また、陽明学の説く「知行合一」の思想は、雪斎が学問の世界に閉じこもることを許さず、実践を重んじる人生に駆り立てました。

十七歳となった雪斎は、東京に出て、中村敬宇の同人社で洋学と英語を修得、同時に島田重礼の双桂精舎で漢学の知識をさらに深めるとともに、王治本という中国人のもとで中国語を学びました。

実践を重んじる雪斎には、語学の修得が必須でした。

また、雪斎は中村敬宇から「敬天愛人」思想を学び、己を愛するように他人を愛するという思想に強い共感を覚えます。

彼はその語学力によって、中国、朝鮮等その国籍を問わず民衆の心を正しく理解し、愛情を以て接するという姿勢を貫きました。

雪斎は二十三歳で学業を終えると、東京で私塾を開き生計を立てていました。

ところが、郡司大尉の千島列島開拓の大冒険計画を知ると、彼らの国家のために命を懸ける行動が、まさに「知行合一」の壮挙と感じた雪斎は、後先《あとさき》も考えず北海道を目指しました。

しかし、漢学と中国語、洋学と英語を修得した雪斎の「知」と、千島列島開拓という「行」は、いかにしても結びつきません。

郡司大尉の一行に追いつけなかった雪斎は、札幌で窮乏生活を送ることになります。

学業を終えた青年が生きる道を求めて苦悩する姿は、いつの時代も変わりません。

ところが、この生れて初めて経験する窮乏生活は、雪斎に「北門新報」に入社するという幸運をもたらします。

雪斎は、この「北門新報」で生涯の職業となった言論人としての第一歩を踏み出しました。

明治二十七年（一八九四年）、雪斎は日清戦争が勃発すると通訳官として従軍し、始めて大陸に渡りました。

戦後は割譲された台湾に渡り、漢学の知識と語学力を活かし、地方役人として台湾の治世にあたりました。

雪斎は、その公平無私な裁きにより台湾の人々に信頼されました。

雪斎は、「敬天愛人」の心を以て、台湾民衆の幸福に資する行政に努めましたが、桃仔園という台湾の一地方は、彼の学識の大きさに比べ、あまりに小さく「知行合一」の思いを充たすものではありませんでした。

明治三十七年（一九〇四年）、日露戦争が始まると、雪斎は再び通訳官として従軍しました。

他国の兵隊が自分たちの土地で勝手に戦争をして、そのために苦悩する満洲民衆の思いを、雪斎は自分の事のように受け止め、彼らのために尽力しました。

雪斎にとってこの戦争は、満洲の民衆をロシアの支配から解放する正義の戦いでした。

ところが、日露戦争の勝利は、日本国民の心を大きく変えてしまいます。

日本国民は、満洲を国民の血で勝ち取った特殊地域として認識し、朝鮮も含めて大陸の地を植民地視するようになりました。

四十一歳になった雪斎は、欧米列強と大陸の植民地化を競い始めた日本の脅威から、中国・

朝鮮の民衆を守るための戦いに、残り人生の全てをかけていくこととなりました。

戦後、雪斎は満洲利源調査に参加し満蒙近代化の必要性について痛感、京都帝大助教の誘いを断り大連に踏みとどまります。

雪斎は、明治四十一年（一九〇八年）、地元中国人の支援を受け、大連に漢字新聞『泰東日報』を創刊しました。

初めて持った自らの新聞によって、満洲の人々に得意の漢文を駆使してその近代化の必要を説き、日中どちらかの立場に立つことなく、公平な報道・論説を以て満洲の人々の信頼を得ていきました。

『泰東日報』の経営が安定すると、雪斎は傅立魚という中国人青年を編集長として迎えます。

雪斎は、傅に新聞の編集を任すと思想家としての活動の幅を広げます。

大正二年（一九一三年）には、満蒙の将来を背負う人材の育成こそ最重要課題と考え、彼を師と慕う多くの青年達を「大陸青年団」の名のもとに組織化しました。

雪斎は、彼等青年団員一人一人の個性を尊重し、それぞれの資質に即した指導を行うことで、多くの青年たちに生きる道筋を与えていきました。

また、雪斎は大陸青年団設立と同時に、機関雑誌『大陸』を発刊し、「大陸主義」を強烈に主張し始めます。

雪斎は中国大陸の殖産興業とそれに伴う通商貿易が、資源の少ない日本の生命線であるという強い信念のもと、中国との共存共栄政策こそが、欧米列強の資本主義に対抗できる唯一の道であるとする「大陸主義」を主張し続けました。

同時に雪斎は「王道宣施」という言葉を使って、満蒙の近代化実現のためには、欧米列強のような自国の利益優先の植民地主義ではなく、日本による見返りを求めない人道的な支援が必要であるということを訴え続けました。

この宣言は、満蒙の地を植民地視する日本人に対する、雪斎の強い警告のメッセージでもありました。

雪斎は、大正五年（一九一六年）に大陸青年団事業の一環として泰東日報社の階上に学生のための私塾「振東学社」を設立しました。

塾生は寮での共同生活を送る中で、雪斎の講義を受け人格を形成していきます。

塾生は、中国や中国人についての正しい知識を得ると共に、人道的な王道による大陸開発の必要性を理解していきました。

雪斎は、「振東学社」によって、真に中国を愛し、中国民衆と共に中国の発展を担うことが出来る人材の育成に、非常な情熱をもって取組みました。

雪斎は、実質的に南満洲を支配する満鉄の経営にも、大きな影響を与えました。

雪斎にとって満鉄は、中国大陸市場の開発が日本の生命線であるという「大陸主義」、全ての民衆が幸福になるための人道的な大陸政策によって、中国の近代化を成し遂げようという

「王道宣施」、この二つの主張を具現化するために最も重要なテーマでした。

雪斎は、満鉄の経営についても搾取的植民地主義を排除し、国際正義に基づく人道的な経営により満蒙の近代化に貢献することこそが使命であると主張します。

そして、満鉄幹部とは意見交換を重ね、大陸青年団に所属する多くの満鉄職員には金子イズムを浸透させました。

彼らは、政友会による満鉄乗っ取り工作にも負けず、雪斎の言う「満鉄の使命」を守りました。

雪斎は、頭山満ら玄洋社のアジア主義者達とも親交を深く持ちましたが、大連に留まり、その語学力によって中国の人々の思いを理解し、常に中国民衆の立場で彼らを理解していたという点で他のアジア主義者とは一線を画す存在でした。

玄洋社に所属する多くのアジア主義者や黒龍会の内田良平、北一輝等は、大陸に渡り孫文をはじめとする革命指導者達との交流により、辛亥革命を直接支援し、武力によって中国の近代化を成し遂げようとしました。

しかし、雪斎は、あくまでも中国民衆の立場に立ち、日本による人道的支援に基づく満蒙開発によって近代化を成し遂げようとしたところに、彼等との大きな相違がありました。

明治四十三年（一九一〇年）、日本が韓国を併合すると、雪斎は朝鮮民衆の立場に立ち、独立支持の言論を展開しました。

雪斎は、大正八年（一九一九年）の朝鮮独立派による大規模な独立要求デモに対して、日本が軍を使い武力で弾圧したことについて強い憤りを持ちました。

雪斎は、論説によって日本国民に対し反省を求めると共に、日本の植民地主義を痛烈に批判しました。

そして、日本が「正義」を立国の方針とする「正義立国」となるべきとの主張を展開し始めます。

大正十一年（一九二二年）、胃癌に侵されていることを知った雪斎は、「日本革新の根本義」と題した日本改革案をもって、時の内閣総理大臣山本権兵衛に最後の建白を行いました。

日本は、欧米列強のごとく自国の利益のみを追い求める国家ではなく、全民衆、全人類の幸福を願う正義の国家となるべきであるというのが、この建白の真意でした。

そして、死期が近いことを悟った雪斎は、亡くなる三カ月前の大正十四年（一九二五年）五月号『日満通信記念号』に「醒覚してから」と題して、持論である「正義立国」について最後の主張を行いました。

雪斎は、日本が欧米を真似た搾取本位な植民地主義を止め、満蒙に対する領土的野心を捨てるよう訴えます。

そして、植民地主義を排除し、中国大陸への人道的支援による中国との互恵関係構築こそが、欧米列強の植民地支配からアジアを守る道であり、日本が生き残る唯一の道であると主張します。

大正十四年（一九二五年）八月、雪斎は振東学社において自らの告別式を行い、彼を師と仰ぐ多くの教え子たちに向い、告別の辞を述べました。

雪斎は、「天地の在らん限り我が向上的努力は止めぬ。理想的人生、即ち永遠の命は此処にあらねばならぬ」と述べて弟子たちにその後事を託しました。

雪斎は、この告別式の後九日目の大正十四年八月二十八日に、弟子たちに見守られながらその生涯を終えました。

雪斎の人生は、常に民衆と共にあるという点で一貫していました。

台湾でも、満洲の戦場でも、朝鮮でも、大連でも、雪斎は常に民衆の中にあって、彼らを正しく理解し、彼らの立場に立ち、彼らのために力を尽くしました。

日本国民に対しては、中国や朝鮮を植民地視することをやめ、見返りを求めない人道的支援によってその近代化を成し遂げ、共に発展することが必要であると訴え続けました。

そして、教育機関を自ら設立、青少年の教育に力を尽くし、大陸の発展を担う多くの人材を輩出しました。

日本国に対しては、欧米列強の後を追って植民地主義を押し進めることの愚を説き、日本は自国民のみならず全人類、全民衆の幸福を目指す正義の国家となるべきと訴えました。

雪斎の目指す全民衆にとって幸福な世界の実現には、遠い道のりがありますが、以後の歴史を知る私たちは、彼の主張が正しかったことを知っています。

雪斎は、大地に輝く明星となり、今も民衆と共にあるのです。

参考文献・資料一覧

〈書籍〉

金子雪斎『雪斎遺稿』振東学社、一九三三

太田誠編『雪斎先生遺芳録』振東学社、一九三八

中野正剛『魂を吐く』金星堂、一九三八

中野泰雄『政治家中野正剛』新光閣書店、一九七一

中野泰雄『アジア主義者中野正剛』亜紀書房、一九八八

松原信之『朝倉氏と戦国村一乗谷』吉川弘文館、二〇一七

司馬遼太郎『街道をゆく・越前の諸道』朝日新聞社、一九八七

高木不二『横井小楠と松平春嶽』吉川弘文館、二〇〇五

松浦玲『横井小楠』筑摩書房、二〇一〇

福井県文化史刊行会編『我等の郷土と人物　第3巻』福井県文化史刊行会、一九五七

小島毅『朱子学と陽明学』筑摩書房、二〇一三

小倉紀蔵『入門　朱子学と陽明学』筑摩書房、二〇一二

森和也『神道・儒教・仏教』筑摩書房、二〇一八

島田裕巳『大和魂のゆくえ』集英社、二〇二〇

高橋昌郎『中村敬宇』吉川弘文館、一九九八

鵜木岩助編『西郷南洲翁遺訓及遺文』鹿児島県社会事業協会、一九二五
豊田穣『北洋の開拓者』講談社、一九九四
浅田次郎『終わらざる夏』集英社、二〇一三
山崎雅弘『5つの戦争から読みとく日本近現代史』ダイヤモンド社、二〇一六
渡辺龍策『大陸浪人：明治ロマンチシズムの栄光と挫折』番町書房、一九六七
西村濤蔭『何物かを語らん』文英堂書店、一九一四
小林英夫『満鉄「知の集団」の誕生と死』吉川弘文館、一九九六
小林英夫『〈満洲〉の歴史』講談社、二〇〇八
菊池寛『満鉄外史』原書房、二〇一一
太田尚樹『満洲裏史』講談社、二〇一一
中島岳志『アジア主義　西郷隆盛から石原莞爾へ』潮出版社、二〇一七
竹内好『日本とアジア』筑摩書房、一九九三
葦津珍彦『永遠の維新者』葦津事務所、二〇〇五
嵯峨隆『アジア主義全史』筑摩書房、二〇二〇
クリストファー・W・A・スピルマン『近代日本の革新論とアジア主義』芦書房、二〇一五
藤本尚則編『頭山精神』大日本頭山精神会、一九三九
黒龍会編『東亜先覚志士記伝　下巻』黒龍会出版部、一九三六
北一輝『日本改造法案大綱』中央公論新社、二〇一四

朴慶植『朝鮮三・一独立運動』平凡社、一九七六
笠木良明『青年大陣容を布地せよ』大亜細亜建設社、一九四〇
笠木良明遺芳録出版委員編『笠木良明遺芳録』笠木良明遺芳録刊行会、一九六〇
満洲青年連盟史刊行委員会編『満洲青年連盟史』満洲青年連盟史刊行委員会、一九三三
伊藤武雄『満鉄に生きて』勁草書房、一九六四
山室信一『キメラ　満洲国の肖像』中公新書、二〇〇四

〈雑誌記事・学術論文〉

『雪斎遺稿』振東学社、一九三三
金子雪斎「醒覚してから」『日満通信』一九二五年五月、創刊第五周年記念号
金子雪斎「島国の現状を愧ず」『大陸』一九一三年六月、創刊号
金子雪斎「大陸主義決定の日は一切問題解決の日」『大陸』一九一三年九月号
金子雪斎「泰東の大陸は王道宣施の處」『大陸』一九一三年一一月号
金子雪斎「人は一小天地なり」『大陸の青年』一九一七年四月号
金子雪斎「満鉄の使命と幹部」『新天地』一九二二年一一月〜一九二四年八月
金子雪斎「国家国民の反省」『東方時論』一九一九年八月号
金子雪斎「新年祈」『東方時論』一九二〇年一月号
金子雪斎「無窮観（理想と生命）」『大陸之青年』一九二五年七月号

「金子雪斎翁之追憶」『新天地』一九二五年一〇月号
三宅雪嶺「真骨頭」『我観』一九二五年一〇月号
不二山人「高士金子雪斎翁」『大日』一九三八年七月号
小川運平「大陸新日本建国論者金子雪斎翁」『大日』一九三一年八月号
橋川時雄「金子雪斎翁の死と其遺事」『日本及日本人』一九二五年一〇月号
濱村善吉「金子雪斎氏の追憶断片」『新天地』一九二七年九月号
猪俣敬太郎「金子雪斎」『師と友』一九六五年一〇月号
勝呂政雄「青年に語りたい金子雪斎翁の面目」『我観』一九三四年九月号
藤原暹・平野尚也「中村敬宇における『敬天愛人』の思想」『Artes liberales』一九九六年五月号
石田雄「中村敬宇と福沢諭吉」『社会科学研究』一九七六年八月号
水野博太「『篁村遺稿』から見る漢学者・島田重礼」『東京大学大学院人文社会系研究科』二〇一九年三月号
橋本雄一「『五四』前後の大連における傅立魚に思想と言語」『立命館文学』二〇一〇年三月
渡辺礼子「明治・大正期に砺波地方から北海道へ移住した人々の足跡を辿る」『砺波郷土資料館』二〇一八年

※本作品の引用文中に、現在の目から見ると穏当を欠く表現が見られるが、執筆当時の時代を反映した用語であるとの観点から、原文のままとした。

西村　甲午（にしむら こうご）

1954年東京都生まれ。1976年東北大学経済学部卒業後、
安田生命保険相互会社に入社。個人保険の営業企画・推進部門、
営業部門、事務管理部門を経て、2014年定年退職。
定年退職を機に研究・執筆活動を開始。
著書『漱石の愛弟子が描く満洲物語 - 西村濤蔭伝 - 』（東京図書出版）

大地の明星　金子雪斎伝

2023年3月3日　第1刷発行

著　者　西村甲午
発行人　大杉　剛
発行所　株式会社 風詠社
〒553-0001　大阪市福島区海老江5-2-2
大拓ビル5 - 7階
Tel 06（6136）8657　https://fueisha.com/
発売元　株式会社 星雲社
（共同出版社・流通責任出版社）
〒112-0005　東京都文京区水道1-3-30
Tel 03（3868）3275
印刷・製本　シナノ印刷株式会社

ISBN978-4-434-31713-2 C0023